职业教育汽车专业"十三五"规划系列教材

QICHE WEIHU YU BAOYANG

汽车维护与保养

主　编　周泓杰　赵连勇

副主编　陆镇桓　黄晓桐　杨萌萌　左文林

重庆大学出版社

内容提要

本书按照汽车维修企业的实际工作需要编写,系统地阐述了汽车维护保养的基础知识,突出实践及动手能力的培养;详细介绍了各维护作业的具体项目、内容、操作步骤、注意事项、使用材料及训练方法。通过对本课程的学习,学生可掌握汽车的基本维护与保养技术,能够独立完成基本保养项目的操作。

本书可作为职业院校汽车类专业的教学用书,也可作为汽车相关领域专业技术人员的参考用书及培训用书。

图书在版编目(CIP)数据

汽车维护与保养 / 周泓杰,赵连勇主编.--重庆:
重庆大学出版社,2019.7
职业教育汽车专业"十三五"规划系列教材
ISBN 978-7-5689-1588-5

Ⅰ.①汽… Ⅱ.①周… ②赵… Ⅲ.①汽车—车辆修
理—中等专业学校—教材②汽车—车辆保养—中等专业学
校—教材 Ⅳ.①U472

中国版本图书馆 CIP 数据核字(2019)第 103731 号

职业教育汽车专业"十三五"规划系列教材
汽车维护与保养
主 编 周泓杰 赵连勇
策划编辑:章 可
责任编辑:文 鹏 邓桂华 版式设计:章 可
责任校对:张红梅 责任印制:赵 晟
*
重庆大学出版社出版发行
出版人:饶帮华
社址:重庆市沙坪坝区大学城西路 21 号
邮编:401331
电话:(023)88617190 88617185(中小学)
传真:(023)88617186 88617166
网址:http://www.cqup.com.cn
邮箱:fxk@cqup.com.cn(营销中心)
全国新华书店经销
重庆市正前方彩色印刷有限公司印刷
*
开本:787mm×1092mm 1/16 印张:10.5 字数:242千
2019 年 7 月第 1 版 2019 年 7 月第 1 次印刷
ISBN 978-7-5689-1588-5 定价:39.00 元

本书如有印刷、装订等质量问题,本社负责调换

版权所有,请勿擅自翻印和用本书
制作各类出版物及配套用书,违者必究

EDITORIAL BOARD 编委会

主　任　刘付金文

副主任　胡立光　杨萌萌　蒋文明　王正旭

委　员　何向东　李博成　汤远云　万艳红

　　　　邵余丰　蔡仁整　古庆宁　赖晓龙

　　　　徐　振　陈建军　周泓杰　赵连勇

　　　　汤远云　杨淼梁　左文林　宋燕娜

　　　　倪海腾　陈志明　杨　旭

PREFACE 前 言

我国汽车工业发展迅猛,连续多年的汽车产销量都居世界第一。汽车工业作为国民经济的支柱产业,对综合国力的提升作用将日益凸显。

我国汽车工业是以"引进国外先进技术,合资经营为主,自主研发为辅"为发展道路。汽车的种类繁多,技术含量高,急需大量熟练掌握现代汽车维护保养操作技术的专门人才。

本书结合我国现行汽车"七分养护,三分修理"的维护理念,以现代汽车维护保养的"清洁、检查、紧固、调整、润滑和补给"六大维护作业为主线,详细讲述了汽车定期维护和非定期维护的作业项目、操作要领和技术要求等内容。本书将汽车维护保养作业中材料的选用及通用和专用仪器设备的使用作为汽车维护保养的基础性内容,单独设章编写。本书包括7个项目:汽车维护技术及常见工具使用、车身的维护、汽车前舱油液的维护、三滤的维护、燃油喷射系统的维护、汽车电气的维护及底盘系统的维护。

本书由周泓杰、赵连勇主编,陆镇桓、黄晓桐、杨萌萌、左文林任副主编,本书章节编排合理,内容系统、连贯、完整,图文并茂,实操性强,具有较强的实用性。本书主要作为职业院校汽车类专业的教材,也可作为汽车维护行业人员、汽车驾驶人员以及汽车运行管理人员的参考用书。

由于编者水平有限,书中难免有纰漏之处,敬请广大读者给予批评指正!

编 者

2018 年 10 月

CONTENTS 目 录

项目一 | 汽车维护技术及常见工具使用

现代用车讲求"三分修，七分养"。日常注意保养、维护爱车，能有效地减少汽车故障，提高汽车寿命，改善用车感受。作为专业的汽车维护保养人员，首先应了解汽车整车维护的相关内容，并掌握举升机及各种工量具的使用。

学习目标

- 了解汽车维护的技术规范；
- 了解常用车型的维护工艺；
- 掌握举升机的使用方法；
- 掌握汽车维修常用设备及工量具的使用方法。

/任务一/　了解汽车维护技术

【任务描述】

　　汽车行驶一定里程和时间后,根据汽车维护技术标准,按规定的工艺流程、作业范围、作业项目和技术要求所进行的预防性作业称为汽车维护。汽车维护的目的是保持车辆技术状况良好,确保行车安全,充分发挥汽车的使用效能并降低运行消耗,以取得良好的经济效益、社会效益和环境效益。在汽车维护过程中,需要参考国家相关标准、行业标准及企业标准,结合车辆具体情况而进行作业。

【相关知识】

　　《汽车维护、检测、诊断技术规范》(GB/T 18344—2016)对车辆检查/维护作了相关定义及要求。其特点如下:

　　①属于国家标准,适用于各行业的所有在用车辆。

　　②核心内容是"定期检查、强制维护、视情修理"。

　　③促进了对在用车的I/M(检查/维护制度)。

　　④具有先进性,推动了科技进步。

　　根据《汽车维护、检测、诊断技术规范》规定,汽车维护可分为定期维护和非定期维护两大类。其规定内容见表1-1。

表 1-1　汽车维护内容

维护种类		作业范围
定期维护	日常维护	日常维护作业以清洁、补给和安全检视为中心内容,其主要内容是: ①坚持"三检",出车前、行车中及收车后检视车辆的安全机构及各部件连接的紧固情况; ②保持"四清",保持润滑油、空气、燃油滤清器和蓄电池的清洁; ③防止"四漏",防止漏水、漏油、漏气和漏电
	一级维护	一级维护作业的中心内容除日常维护作业外,以清洁、润滑和紧固为主,并检查有关制动、操纵等安全部件
	二级维护	二级维护作业的中心内容除一级维护作业外,以检查并调整转向节、转向摇臂、制动蹄片和悬架等经过一定时间的使用后容易损坏或变形的安全部件为主,并拆除轮胎,进行轮胎换位

续表

维护种类		作业范围
非定期维护	季节性维护	冬、夏两季的温差大，为使车辆在冬、夏两季正常使用，在换季之前应结合定期维护，并附上相应的项目，使汽车适应气候变化后的运行条件，此种附加性的维护称为季节性维护
	走合维护	汽车运行初期进行走合维护，以改善零件摩擦表面几何形状和表面层的物理机械性能

维护作业以清洁、检查、紧固、润滑、调整和补给六大作业为主。

（1）清洁

清洁是提高汽车维护质量，防止机件腐蚀，减轻零部件磨损和降低燃油消耗的基础，并为检查、补给、润滑、紧固和调整作业做好准备。其工作内容主要包括对燃油、润滑油和空气滤清芯的清洁，汽车外表的养护以及对有关总成、零部件内外部的清洁作业。

（2）检查

检查汽车各总成和机件是否齐全，连接是否紧固；是否存在漏水、漏气和漏电等现象；利用汽车上的指示仪表、报警装置等随车诊断装置，检查各总成、机构和仪表的技术状况；对影响汽车安全行驶的转向、制动和灯光等工作情况加强检查；汽车拆检或装配、调整时应检查各主要部件的配合间隙。

（3）紧固

使各部分机件连接可靠，防止机件松动。汽车在运行中，由于振动、颠簸、热胀冷缩等原因，会改变零部件的紧固程度，使零部件失去连接的可靠性。紧固工作的重点应放在负荷重且经常变化的各部分机件的连接部位上，应及时对各连接螺栓进行必要的紧固和配换。

（4）润滑

按照汽车的润滑图表和规定的周期，用规定牌号的润滑油或润滑脂进行润滑；各油嘴、油杯和通气塞必须配齐，并保持畅通；发动机、变速箱、转向器和驱动器等应按规定补充、更换润滑油。

（5）调整

调整作业是保证各总成和机件长期正常工作的重要环节，做好调整工作，对减少机件磨损、保持汽车使用的经济性和可靠性有直接的关系。其作业内容主要是按技术要求，恢复总成、机件的正常配合间隙及工作性能等。

（6）补给

在汽车维护中，对汽车的燃料、润滑材料及特殊工作液进行加注补充；蓄电池进行补充充电、对轮胎进行补气等作业。

【任务实施】

以丰田及别克用户手册内的保养内容进行说明。

1.丰田汽车的保养内容

①丰田汽车的标志如图 1-1 所示,保养计划见表 1-2。

TOYOTA 丰田《用户手册》中对"保养计划"有明确的保养间隔。

保养操作:I = 检查

R = 更换、更改或润滑

T = 紧固至规定扭矩

图 1-1　丰田汽车标志

表 1-2　丰田保养计划

保养间隔	里程表读数										
（里程数读数或月数，以先达到者为准）	×1000 km（千米）	1	10	20	30	40	50	60	70	80	月数
发动机基本部件											
1	传动皮带			I		I		I		I	24
2	发动机润滑油	8AR发动机	出现保养提示时更换									
		2GR发动机	R	R	R	R	R	R	R	R	12
3	发动机机油滤清器	8AR发动机	出现保养提示时更换									
		2GR发动机	R	R	R	R	R	R	R	R	12
4	冷却和加热系统				I				I	24
5	发动机冷却液				I				I	—
6	排气管和装配机		I		I		I		I	12

续表

保养间隔			里程表读数									月数
（里程数读数或月数，以先达到者为准）		×1000 km（千米）	1	10	20	30	40	50	60	70	80	
点火系统												
7	火花塞	8AR 发动机							R			—
		2GR 发动机	每行驶 100 000 km(千米)更换一次									—
8	蓄电池		I	I	I	I	I	I	I	I		12
燃油和排放控制系统												
9	燃油滤清器										R	96
10	燃油喷射系统		每行驶 100 000 km(千米)向燃油箱加注一次喷油器清洁剂									
11	空气滤清器滤芯				I		R		I		R	I:24 R:48
12	燃油箱盖、燃油管路、接头和燃油蒸汽控制阀						I				I	24
13	碳罐						I				I	24
底盘和车身												
14	制动踏板和驻车制动器		I	I	I	I	I	I	I	I		6
15	制动摩擦片和制动鼓			I		I		I		I		12
16	制动衬块和制动盘		I	I	I	I	I	I	I	I		6
17	制动液		I	I	I	R	II	I	I		R	I:6 R:24
18	制动管和软管			I		I		I			I	12

续表

保养间隔		里程表读数									月数
（里程数读数或月数，以先达到者为准）	×1000 km（千米）	1	10	20	30	40	50	60	70	80	
19	制动助理器真空泵（仅8AR发动机）	每行驶 200 000 km（千米）检查一次									
20	方向盘、转向传动机构和转向机壳	I	I	I	I	I	I	I	I	I	6
21	传动轴紧固螺栓（全轮驱动车型）			T		T		T		T	12
22	驱动轴套			I		I		I		I	24
23	悬架球头和防尘套	I	I	I	I	I	I	I	I	I	6
24	自动变速器油（包括前差速器）				I					I	24
25	分动器油（全轮驱动车型）			I		R		I		R	I:12 R:48
26	后差速器油（全轮驱动车型）			I		R		I		R	I:12 R:48
27	前悬架和后悬架			I		I		I		I	12
28	轮胎和轮胎气压	I	I	I	I	I	I	I	I	I	6
29	车灯、喇叭、刮水器和喷洗器	I	I	I	I	I	I	I	I	I	6
30	空调滤清器			R		R		R		R	—
	空调制冷剂量			I		I		I		I	12

例如,一辆丰田汽车的 2GR 发动机机油滤清器每 10 000 km 或者 12 个月需要检查更换一次,以先达到规定千米或者 12 个月为准。一辆汽车可能距离上一次更换滤清器未够 12 个月,但是距离上一次更换已经行驶超过 10 000 km,就必须更换。

2.别克汽车的保养内容

别克汽车的标志如图 1-2 所示,保养计划见表 1-3。

BUICK 别克《保修及保养手册》中对"定期保养服务"有明确的保养间隔。

图 1-2　别克汽车标志

表 1-3　别克保养计划

保养间隔 / 保养项目	公里数或月数(以先到者为准)					
×1000 km（千米）	10	20	30	40	50	60
月数	6	12	18	24	30	36
与排放相关的项目						
检查发动机机油油位	每 3000 km／1 个月检查					
更换发动机机油和机油滤清器	每 5000 km／6 个月更换,或根据机油寿命监测系统提示更换					
更换燃油滤清器	每 3000 km／2 年更换					
检查燃油管路和连接	×	×	×	×	×	×
添加燃油清洁添加剂	建议每次更换机油时添加					
更换发动机空气滤清器滤芯		×		×		×
目视检查发动机传动皮带	×	×	×	×	×	×
更换发动机传动皮带	每 150 000 km／10 年更换					
更换火花塞	每 6000 km 更换					
检查节气门	×	×	×	×	×	×
检查蒸发排放碳罐和蒸汽管路	×	×	×	×	×	

续表

保养间隔 保养项目	×1000 km（千米）	公里数或月数（以先到者为准）					
		10	20	30	40	50	60
	月数	6	12	18	24	30	36
一般项目							
检查发动机冷却液液位		×	×	×	×	×	×
检查发动机冷却系统软管和连接		×	×	×	×	×	×
正时链条		无须保养					
更换乘客厢空气滤清器滤芯		每 10 000 km 或每年更换					
检查排气管和安装支座		×	×	×	×	×	×
检查制动液液位		×	×	×	×	×	×
更换制动液和离合器油液		每 2 年或 30 000 km 更换					
检查制动器管路和连接		×	×	×	×	×	×
检查制动衬片和制动盘		×	×	×	×	×	×
检查驻车制动器		×	×	×	×	×	×
检查手动变速箱油液		×	×	×	×	×	×
更换自动变速器油液 — 7 速双离合器变速器		正常行驶条件下，全寿命；恶劣行驶条件下，每 72 000 km 更换					
更换自动变速器油液 — 6 速液力变矩器变速器		每 80 000 km 更换					
底盘和车身底板螺栓和螺母的紧固		更换机油时检查					
检查挡风玻璃洗涤液液位		日常检查，视情况添加					
检查挡风玻璃刮水器刮片		×	×	×	×	×	×
检查轮胎状况和充气压力		日常检查					

续表

保养项目 \ 保养间隔	公里数或月数(以先到者为准)					
×1000 km（千米）	10	20	30	40	50	60
月数	6	12	18	24	30	36
检查车轮定位	发现异常时检查					
检查前后悬架和转向系统	×	×	×	×	×	×
检查方向盘和连杆	×	×	×	×	×	×
检查驱动轴护套	×	×	×	×	×	×
检查安全保护装置系统部件	×	×	×	×	×	×
润滑锁芯、车门铰链、侧面限位器和发动机舱盖锁闩	×	×	×	×	×	×

【任务检测】

1.填空题

(1)丰田《用户手册》中保养操作:I = _____;

R = _____;T = _____。

(2)二级维护作业的中心内容除_____作业外,以检查并调整转向节、转向摇臂、制动蹄片和悬架等经过一定时间的使用后容易_____的安全部件为主,并拆除轮胎,进行轮胎换位。

(3)丰田汽车冷却和加热系统_____km 或_____月进行检查;空气滤清器滤芯_____km 或_____月进行检查,_____km 或_____月进行更换。

2.判断题

(1)定期维护分为日常维护、一级维护和二级维护。 （ ）

(2)《用户手册》中保养操作 I 代表更换、更改或润滑。 （ ）

(3)一级维护作业的中心内容除日常维护作业外,以清洁、润滑和紧固为主,并检查有关制动、操纵等安全部件。 （ ）

(4)丰田 2GR 发动机机油每 10 km 进行更换。 （ ）

(5)别克《保修及保养手册》中乘客厢空气滤清器滤芯每 10 000 km 或每年更换。

（ ）

【任务评价】

评价表

序 号	项 目	操作内容	配分/分	评分标准	得分/分
1	规范内容	熟记《汽车维护、检测、诊断技术规范》核心内容	5	相关定义及要求	
2	定期维护	日常维护	5	三检、四清、四漏	
3		一级维护	5	熟记一级维护内容	
4		二级维护	5	熟记二级维护内容	
5	非定期维护	季节性维护	5	冬、夏两季区别	
6		走合维护	5	磨合阶段维护内容	
7	维护作业内容	清洁	5	熟记概念	
8		检查	5	熟记概念	
9		紧固	5	熟记概念	
10		润滑	5	熟记概念	
11		调整	5	熟记概念	
12		补给	5	熟记概念	
13	保养操作	I＝检查	5	I 项目的部件、周期及里程数	
14		R＝更换、更改或润滑	5	R 项目的部件、周期及里程数	
15		T＝紧固至规定扭矩	5	T 项目的部件、周期及里程数	
16	保养计划	保养间隔	5	根据保养间隔选择保养项目	
17		里程数	5	根据里程数选择保养项目	
18		保养项目	5	熟记汽车保养项目	
19		项目操作	10	结合保养间隔及里程数正确选择保养项目	
总 分			100	合 计	

/任务二/　学会使用举升机

【任务描述】

举升机类型有剪式、二柱式和四柱式,汽车维护保养作业通常在剪式举升机上操作。剪式举升机主要由控制台、液压系统、举升机构、平板以及安全保险装置等组成。

【相关知识】

1.剪式举升机的部件名称

举升机的部件如图 1-3 所示。

平板

举升机构

底座

液压装置

图 1-3　举升机部件

2.举升机的作用

汽车举升机是汽车修理厂的常用设备之一。它能将施修的汽车举升,使其离开地面一定高度,以便修理人员进入汽车底部作业,或进行轮胎拆卸、四轮定位等工作。汽车举升机给修理工作带来极大的方便,其价格低廉、使用简单,大到汽车 4S 店,小到路边修理摊,甚至油料店、洗车行都有举升机的需求。

3.举升面板的使用

不同品牌、不同型号的举升机面板有所区别,如图 1-4 所示,但使用方法大致相同。

举升机工作面板上的标志含义如下:

- 工作开关：打开后通电，举升机可工作。
- 工作指示灯：打开开关后，指示灯亮。
- 上升按钮：按住不放，举升机上升。
- 下降按钮：按住不放，举升机下降。
- 锁定按钮：用于锁止举升机。下降一小段，直至与机械装置锁止。
- 紧急停止按钮：强制断电，以防安全事故。

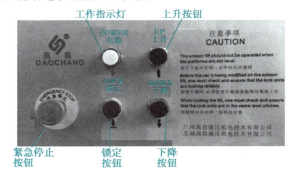

图1-4　举升机面板

【任务实施】

1.操作内容

教师准备好剪式举升机，学生分成小组。先认识剪式举升机的部件明细，再根据举升机使用手册进行练习。

2.操作准备

（1）工具准备

劳保用品、剪式举升机、车辆、垫块、车轮挡块、车外三件套。

（2）车辆准备

在进行举升机任何作业前，务必先按规定顺序对车辆进行以下操作：

①在一处平坦且坚实的地面上停车。

②关闭发动机，拔下点火钥匙。

③打开驻车制动器。

④将换挡杆挂入空挡或将变速杆挂入挡位P。

⑤让儿童远离汽车。

⑥请确保汽车不会意外自行移动。

> ★警告
>
> 忽视对自身安全至关重要的核对表可能会导致受伤。
>
> 务必遵循核对表中的操作，并遵守通用的安全护防措施。

★提示

举升机举升高度不得超过举升极限,同时确保举升机下方地面干净整洁,以防危险作业。

3.操作步骤

(1)安全、防护工作

车辆停放平地,安放车轮挡块,如图1-5所示,同时检查举升机状况,确保安全使用。

(2)举升操作

图1-5 车辆安放

①打开举升机电源,按住上升按钮,如图1-6所示,举升机平板上升约100 mm,安装垫块。

②调整垫块,必须放置准确位置,如图1-7所示,然后收起车轮挡块。

图1-6 按上升按钮

图1-7 调整垫块位置

③按住上升按钮,继续升车100 mm后锁住,在车辆前后按压车辆数次,检查车辆的稳固性,如图1-8所示。无问题则继续升车。

图1-8 检查稳固情况

★提示

举升时,车辆必须被安全可靠支撑。
按压时,部位合适,用力均匀。

④按住上升按钮,举升车辆到适当高度。按下锁止按钮,将举升机安全锁止,如图1-9所示。

图 1-9　安全锁止

★警告

举升时，不允许有人作业或靠近车辆。

举升车辆至适当高度后，必须锁好保险，确认安全后，才能开始相应的作业。

（3）下降操作

①完成作业后，按住下降按钮，如图 1-10 所示，将车辆安全下降至地面。举升机平板回到原始位置。

图 1-10　按下降按钮

★警告

准备下降时，先观察车辆周围有无人员和其他物体。

下降时，要时刻注意举升机两平板必须同时平稳下降，避免一块下降，一块没有下降。

②工作完毕后，回收车轮挡块及举升垫块。

【任务检测】

1.填空题

（1）写出举升机的类型。

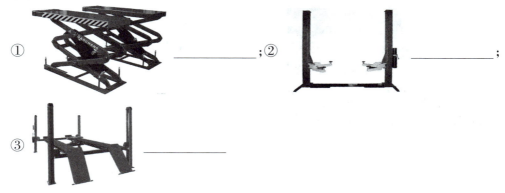

①＿＿＿＿＿＿＿＿＿＿；②＿＿＿＿＿＿＿＿＿＿；

③＿＿＿＿＿＿＿＿＿＿

（2）举升机包括的主要部件有＿＿＿＿＿＿、＿＿＿＿＿＿、＿＿＿＿＿＿及＿＿＿＿＿＿。

2.简答题

操作举升机的注意事项有哪些？

【任务评价】

评价表

序号	项目	操作内容	配分/分	评分标准	得分/分
1	操作前准备	工具、用品准备	10	工具准备齐全，无缺漏	
2	安全防护	检查车辆是否停稳；驻车制动是否可靠；个人是否穿戴好劳保用品	10	检查后，车辆制动可靠	
3	举升机的部件	认识举升机部件	5	认识正确	
4	举升机的作用	了解举升机作用	5	熟知举升机作用	
5	举升机的操作面板	工作开关	5	控制通断电按钮	
6		工作指示灯	5	显示工作状况	
7		上升按钮	5	正确使用	
8		下降按钮	5	正确使用	
9		锁定按钮	5	正确使用	
10		紧急停止按钮	5	紧急情况下正确使用	
11	举升操作	调整举升垫块	5	调整到准确位置	
12		检查稳固情况	5	要求稳固不摇摆	
13		举升平衡平稳	5	举升过程保持平衡平稳	
14		停稳锁止	5	停到作业位置后按下按钮	
15	下降操作	下降平衡平稳	5	下降过程保持平衡平稳	
16		回收举升垫块	5	及时回收	
17	工位清理	工具整理、场地打扫	10	工具归还无遗漏、场地打扫干净	
总　分			100	合　计	

/任务三/ 学会使用工量具

【任务描述】

在汽车维护作业中会涉及各类量具,这些量具都具有各自的使用方法,只有正确使用才能保证测量准确。用测量仪器检查零件尺寸和调整状态是否和标准值符合,并且检查车辆或零件是否正常发挥作用。在维护作业中主要涉及游标卡尺、外径千分尺、百分表、力矩扳手等量具。

【相关知识】

1.游标卡尺

游标卡尺是一种测量长度、内外径和深度的量具。游标卡尺由主尺和附在主尺上能滑动的游标两部分构成。若从背面看,游标是一个整体。深度尺与游标尺连在一起,可以测槽和筒的深度。

(1)游标卡尺的结构及用途

游标卡尺的结构组成如图 1-11 所示。

图 1-11　游标卡尺

游标卡尺的量程有:0～150 mm,0～200 mm,0～300 mm;一般分辨率(以前也称为分度值)为 0.02 mm,也有分辨率为 0.1 mm 和 0.05 mm;其精度一般为 ±0.03 mm,也有 ±0.04 mm 和 ±0.05 mm。

游标卡尺的测量用途包括深度测量、内径测量、外径测量及台阶测量,如图 1-12 所示。

深度测量

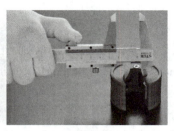

内径测量

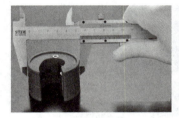

外径测量

台阶测量

图 1-12 游标卡尺的测量用途

（2）游标卡尺的使用方法

测量前先对游标卡尺进行零位校准。检查游标卡尺的零刻度是否对齐，刻度是否清晰可见，挪动是否顺畅，是则该卡尺可正常使用；否则需将该卡尺进行维修或更换新的计量有效的卡尺，并按运行检查规定中的仪器失效处理方法进行操作。

读数方法：分别读取主尺刻度及副尺刻度，再相加。具体如图 1-13 所示。

目前市面推出了电子游标卡尺，如图 1-14 所示。电子游标卡尺的测量方法跟普通游标卡尺一致，读数可直接在电子屏幕上读取。

分辨率0.05 mm

①读取副尺刻度的0点在主尺刻度的数值即主尺度37~38 mm，A的位置=37 mm
②主尺刻度与副尺刻度成一条线处，读副尺度刻度即副尺刻度3~4的线，B的位置=0.35 mm
③读数值读取 37 mm+0.35 mm=37.35 mm

图 1-13 游标卡尺读数

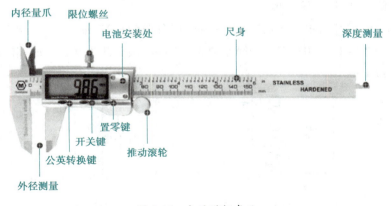

图 1-14 电子游标卡尺

2.外径千分尺

外径千分尺,也称螺旋测微器,常简称为千分尺。它是比游标卡尺更精密的长度测量仪器,精度有 0.01 mm,0.02 mm,0.05 mm 三种,加上估读的 1 位,可读取到小数点后第 3 位(千分位)。

（1）外径千分尺的结构

外径千分尺的结构组成如图 1-15 所示。

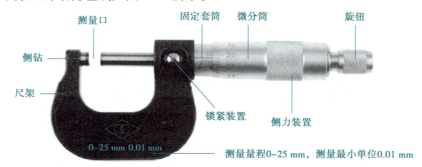

图 1-15   外径千分尺

千分尺常用规格有 0～25 mm,25～50 mm,50～75 mm,75～100 mm,100～125 mm 等。

（2）外径千分尺的使用方法

测量前先对外径千分尺进行零位校准。检查其零位是否校准,先松开锁紧装置,清除油污,特别是测砧与测微螺杆间接触面要清洗干净。检查微分筒的端面是否与固定套管上的零刻度线重合,若不重合应先旋转旋钮,直至螺杆要接近测砧时,旋转测力装置,当螺杆刚好与测砧接触时会听到"喀喀"声,这时停止转动。如两零线仍不重合(两零线重合的标志:微分筒的端面与固定刻度的零线重合,且可动刻度的零线与固定刻度的水平横线重合),可将固定套管上的小螺丝松动,用专用扳手调节套管的位置,使两零线对齐,再把小螺丝拧紧。

读数方法:以微分套筒的基准线为基准读取左边固定套筒刻度值,再以固定套筒基准线读取微分套筒刻度线上与基准线对齐的刻度,即为微分套筒刻度值。将固定套筒刻度值与微分套筒刻度值相加,即为测量值。

例如,图 1-16(a)中,固定套筒读数为 8 mm,微分筒为 0.27 mm,相加为 8.27 mm,最后读数为 8.27 mm。图 1-16(b)中,固定套筒读数为 8.5 mm,微分筒为 0.27 mm,相加为 8.77 mm,最后读数为 8.77 mm。

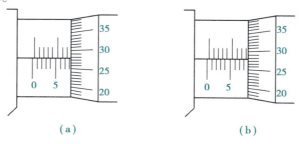

（a）   （b）

图 1-16   外径千分尺读数说明

目前市面推出了电子外径千分尺,如图 1-17 所示。电子外径千分尺的测量方法跟普通外径千分尺一致,读数可直接在电子屏幕上读取。

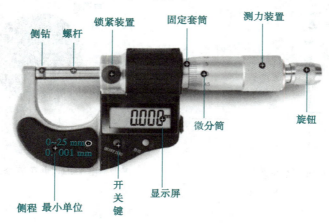

图 1-17　电子外径千分尺

3.百分表

百分表是利用精密齿条齿轮机构制成的表式通用长度测量工具。

(1)百分表的结构及用途

百分表结构组成如图 1-18 所示。

百分表主要用于测量制件的尺寸和形状、位置误差等。其分度值为 0.01 mm,测量范围为 0~3 mm,0~5 mm,0~10 mm。

(2)百分表的使用方法

测量前先对百分表进行零位校准。①使用前,应检查测量杆活动的灵活性。即轻轻推动测量杆时,测量杆在套筒内的移动要灵活,没有任何轧卡现象,每次手松开后,指针能回到原来的刻度位置。②使用时,必须把百分表固定在可靠的夹持架上。切不可随便夹在不稳固的地方,否则容易造成测量结果不准确,或摔坏百分表。③将百分表与磁性表座组装后安装固定好,测量头部与被测表面垂直并有一定的压缩余量,然后将表盘转至零位。

读数方法:当测量杆向上或向下移动 1 mm 时,通过齿轮传动系统带动大指针转一圈,小指针转一格。刻度盘在圆周上有 100 个等分格,每格的读数值为 0.01 mm。小指针每格读数为 1 mm。测量时指针读数的变动量即为尺寸变化量。刻度盘可以转动,以便测量时大指针对准零刻线。

目前市面推出了电子百分表,如图 1-19 所示。电子百分表的测量方法跟普通百分表一致,读数可直接在电子屏幕上读取。

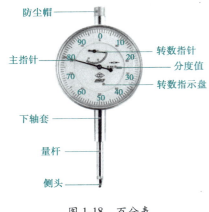

图 1-18　百分表

图 1-19　电子百分表

4.力矩扳手

力矩扳手又称扭矩扳手、扭力扳手、扭矩可调扳手,是扳手的一种。按动力源可分为电动力矩扳手、气动力矩扳手、液压力矩扳手及手动力矩扳手。手动力矩扳手又可分为预置式、定值式、表盘式、数显式、打滑式及折弯式。

（1）力矩扳手的结构

力矩扳手的结构组成如图 1-20 所示。

不同型号扳手的可调力矩有所不同,常见的有 $1 \sim 5$ N·m, $5 \sim 25$ N·m, $20 \sim 100$ N·m, $40 \sim 200$ N·m, $68 \sim 340$ N·m 等。使用时根据需要选择不同的扳手。

（2）力矩扳手的使用方法

使用时,先松锁定结构,再旋转手柄及刻度盘之间的角度调节力矩。力矩为刻度盘的值与旋转刻度的值之和。最后根据需要调节方向调节机构。

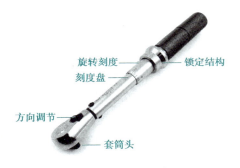

图 1-20　力矩扳手

【任务检测】

填空题

（1）游标卡尺的测量用途包括_____测量、_____测量、_____测量及_____测量。

（2）外径千分尺,也称_____。

（3）百分表的最小单位为_____。

（4）力矩扳手常见型号有_____N·m,_____N·m,_____N·m等。

【任务评价】

评价表

序　号	项　目	操作内容	配分/分	评分标准	得分/分
1	操作前准备	工具、用品准备	10	工具准备齐全,无缺漏	
2	游标卡尺	游标卡尺结构	5	认识结构	
3		游标卡尺测量用途	5	清楚4种用途	
4		游标卡尺使用方法	5	使用方法正确	
5		游标卡尺读数	10	读数正确	
6	外径千分尺	外径千分尺结构	5	认识结构	
7		外径千分尺使用方法	5	使用方法正确	
8		外径千分尺读数	10	读数正确	
9	百分表	百分表结构	5	认识结构	
10		百分表使用方法	5	使用方法正确	
11		百分表读数	10	读数正确	
12	力矩扳手	力矩扳手结构	5	认识结构	
13		力矩扳手使用方法	5	使用方法正确	
14		力矩扳手力矩调节	10	调节力矩正确	
15	工位清理	工具整理、场地打扫	5	工具归还无遗漏、场地打扫干净	
总　分			100	合　计	

项目二 | 车身的维护

　　汽车车身的作用主要是保护驾驶员以及构成良好的空气力学环境。好的车身不仅能带来更佳的性能,也能体现出车主的个性。汽车车身结构从形式上主要分为非承载式、半承载式和承载式3种。不同用途的汽车,其外壳各部位所用的材料也不同,其材料一般为钢板、碳纤维、强化塑料等。

学习目标

- 熟悉车辆检查的准备内容及作用;
- 制订合理的检查工作流程;
- 安全规范地检查车身、座椅及安全带;
- 熟悉座椅和安全带的工作情况。

/任务一/ 检查车身的外观

【任务描述】

车身的外观检查主要包括发动机盖、前围板、翼子板、后视镜、车顶盖、车门、加油口盖、行李厢盖、后围板、车辆倾斜的检查等,对其进行定期检查,能保证其安全使用和美观。

【相关知识】

1.认识车身外观部件名称

别克汽车车身各部位名称如图2-1所示。

2.认识维修工单

汽车特约售后服务中心维修工单如图2-2所示。

图2-1 别克汽车车身各部位名称

在4S店中,当车辆进入维修厂后,在车辆交接过程中,维修接待员需要对车身状况进行检查。图2-2所示为SHANGHAIGM上海通用维修工单。图2-3所示为其中的"车辆损毁标记"栏目。

汽车特约售后服务中心维修工单

SHANGHAI GM

ASC代码 200000　　工单类型　　维修类型 定期维护　　工时单价 100　　打印时间

维修工单号	开单日期	牌照号	车辆识别号	发动机号	品牌	车型	行驶里程数	保修起始日期	保修起始里程	车辆颜色

车主	邮编		地址		送修人	电话	手机	业务接待

序号	项目/操作代	客户故障描述	检测结果/故障原因	项目名称/维修措施	标准工时	附加工时	工时费	技师	故障代码	投放代码	实验标志
				□更换 □修理 □调整							
	定期维护			□更换 □修理 □调整							
				□更换 □修理 □调整							

车辆损毁标记 BODYDAMAGE MARK

燃油FUEL

E —— 1/2 —— F

	旧件是否保留? 是□ 否□	是否洗车? 是□ 否□
	其他费用	
	预计金额	

维修历史	序号	工单号	开单日期	工单类型	维修类型	工程数量	业务接待	责任技师	质检签名	预计交车时间

车内无贵重物品
客户签名
入厂　　初期

特约售后服务中心名称:　　　　　　地址:　　　　　　电话:

第 1 页 共 1 页

图2-2 汽车特约售后服务中心维修工单

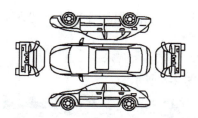
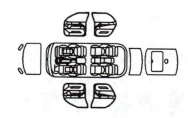

图 2-3 车辆损毁标记栏目

填写方法:对应车身的异常情况,在"车辆损毁标记"填写,如图 2-4 所示。

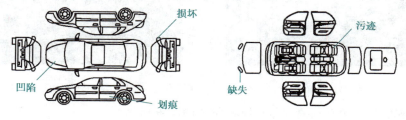

图 2-4 车辆损毁标记

【任务实施】

1.操作内容

教师准备好车辆和工具,学生分成小组。先认识车身的部件位置及维修工单,根据维修工单进行练习。

2.操作准备

(1)工具准备

劳保用品、车轮挡块、车内三件套、维修工单、签字笔。

(2)车辆准备

别克威朗。

3.操作步骤

①安全、防护工作。车辆停放平地,安放车轮挡块,如图 2-5 所示。打开车门,安装车内三件套,如图 2-6 所示。

图 2-5 车辆安防　　　　图 2-6 车内三件套

车身检查包括检查损毁位置及损毁类型（如划痕、凹陷、损坏等），并登记在维修工单上，如图2-2所示。

②检查发动机舱盖是否有划痕、凹陷、损坏等，如图2-7所示。

③检查前围板是否有划痕、凹陷、损坏等，如图2-8所示。

图2-7　发动机舱盖

图2-8　前围板

④检查翼子板是否有划痕、凹陷、损坏等，如图2-9所示。

⑤检查后视镜是否有划痕、损坏等，如图2-10所示。

图2-9　翼子板

图2-10　后视镜

⑥检查车顶是否有划痕、凹陷、损坏等，如图2-11所示。

⑦检查车门是否有划痕、凹陷、损坏、变形等，如图2-12所示。

图2-11　车顶

图2-12　车门

⑧检查加油盖口是否有划痕、凹陷、损坏、变形等，如图2-13所示。

⑨检查行李厢盖是否有划痕、凹陷、损坏、变形等，如图2-14所示。

图 2-13　加油盖口

图 2-14　行李厢盖

⑩检查后围板是否有划痕、凹陷、损坏、变形等,如图 2-15 所示。

⑪检查车辆是否倾斜,如图 2-16 所示。

图 2-15　后围板

图 2-16　车辆水平放置图

⑫对工单进行复检,车主及维修接待员签名确认。

⑬降下车窗,并锁好车门。

【任务检测】

简答题

(1)写出车身的结构类型及优缺点。

(2)检查车身时的注意事项有哪些?

【任务评价】

评价表

序　号	项　目	操作内容	配分/分	评分标准	得分/分
1	操作前准备	工具、用品准备	10	工具准备齐全,无缺漏	
2	安全防护	检查车辆是否停稳;驻车制动是否可靠;个人是否穿戴好劳保用品	15	检查后,车辆制动可靠	
3	车身检查	检查发动机舱盖	5	规范检查,及时记录	
4		检查前围板	5	规范检查,及时记录	
5		检查翼子板	5	规范检查,及时记录	
6		检查后视镜	5	规范检查,及时记录	
7		检查车顶	5	规范检查,及时记录	
8		检查车门	5	规范检查,及时记录	
9		检查加油盖口	5	规范检查,及时记录	
10		检查行李厢盖	5	规范检查,及时记录	
11		检查后围板	5	规范检查,及时记录	
12		检查车辆是否倾斜	5	规范检查,及时记录	
13	质检、交车	检查任务完成效果	15	检查没有遗漏	
14	工位清理	工具整理、场地打扫	10	工具归还无遗漏、场地打扫干净	
	总　分		100	合　计	

/任务二/　维护座椅及安全带

【任务描述】

　　汽车座椅是指驾驶员或乘员的座椅。汽车安全带是为了在碰撞时对驾乘人员进行约束以及避免碰撞时驾乘人员与方向盘及仪表板等发生二次碰撞或避免碰撞时冲出车外导致死伤的安全装置。定期维护座椅和安全带,对保障驾乘人员的安全是非常重要的。

【相关知识】

1.汽车座椅

汽车座椅按形状可分为分开式座椅、长座椅;按功能可分为固定式、可卸式、调节式;按乘坐人数可分为单人椅、双人椅、多人椅。根据座椅的使用性能,从最早的固定式座椅,发展到多功能的动力调节座椅,有气垫座椅、电动座椅、立体音响座椅、精神恢复座椅及电子调节座椅。座椅按材质可分为真皮座椅和绒布座椅等。还有一些特殊使用对象的座椅,如儿童座椅和赛车座椅等。汽车常见座椅布置如图 2-17 所示。

图 2-17 汽车座椅

汽车座椅为驾乘人员提供便于操作、舒适安全的驾驶、乘坐位置。它应具备以下条件:
①整个车厢内座椅的布置应合理,特别是驾驶员座椅必须处在最佳位置。
②座椅的外形设计必须符合人体生理功能,在保证舒适性的前提下力求美观。
③座椅必须安全可靠,应有足够的强度、刚度与耐久性,结构紧凑并尽可能地减少质量。
④为满足司乘人员舒适性所设的各种调节机构,要有可靠的锁止装置,以确保安全。

2.汽车安全带

汽车安全带又称为座椅安全带,是乘员约束装置的一种。汽车安全带是公认的最廉价也是最有效的安全装置,在车辆的装备中很多国家都强制装备安全带。

汽车安全带的主要结构组成如下:

• 织带:用尼龙或聚酯等合成纤维织成的宽约 50 mm、厚约 1.2 mm 的带,根据不同的用途,通过编织方法及热处理来达到安全带所要求的强度、伸长率等特性。它也是吸收冲突能量的部分。对安全带的性能各国法规有不同的要求。常见汽车安全带布置如图 2-18 所示。

• 卷收器:根据乘员坐姿、身材等来调节安全带长度的装置。

• 固定机构:包括带扣、锁舌、固定销和固定座等。带扣及锁舌是系紧和解开座椅安全带的装置。将安全带的一端固定在车身上的部件称为固定板,车身固定端称为固定座,固定用螺栓称为固定螺栓。肩部安全带固定销的位置对系安全带时的便捷性有很大的影响。为了适合各种身材的乘员,一般都选用可调节式固定机构,能够上下调节肩部安全带的位置。

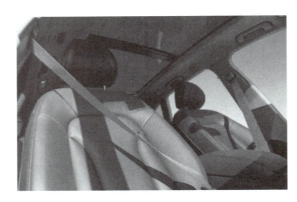

图 2-18　汽车安全带

【任务实施】

1.操作内容

教师准备好车辆和工具,学生分成小组。先认识座椅及安全带的各个部件,根据工作页进行练习。

2.操作准备

（1）工具准备

车辆、车轮挡块、车内三件套、车外三件套。

（2）车辆准备

别克英朗。

3.操作步骤

（1）安全、防护工作

①车辆停放平地,安放车轮挡块,如图 2-19 所示。

②打开车门,安装车内三件套,如图 2-20 所示。

图 2-19　车辆安放

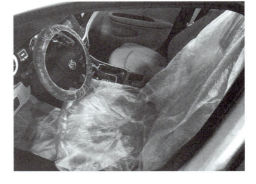

图 2-20　车内三件套

（2）检查座椅

①检查座椅安装情况，双手扶住座椅，前后左右扳动，检查其是否松动、摇晃，如图 2-21 所示。

②检查座椅固定支座及导轨，支座的螺栓和螺母应无松动或缺失。如导轨有卡滞，可适当添加润滑脂，如图 2-22 所示。

图 2-21　座椅安装

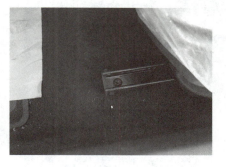
图 2-22　座椅固定支座及导轨

③检查座椅前后移动，用手扳动座椅移动杆，如图 2-23 所示，座椅应该能前后移动自如，无卡滞现象。如有卡滞现象，在图 2-22 所示导轨上添加适当润滑脂。

④检查座椅靠背，用手扳动座椅靠背摆动杆，如图 2-24 所示，座椅应该能前后移动自如，无卡滞现象。

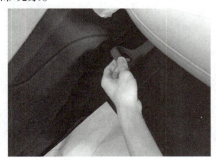
图 2-23　座椅移动杆

图 2-24　座椅靠背摆动杆

⑤部分汽车是电动座椅，通过按钮控制，如图2-25所示为 8 向电动调节座椅。同样，有 6 向、10 向、12 向等不同配置的电动座位。通过操作按钮，检查座椅工作状况。

（3）检查安全带

①检查安全带表面及惯性锁，安全带表面完整，应无撕裂、无磨损。用手握住安全带的一端，然后瞬间大力拉动安全带，安全带应该不能被外力拉动，而应被锁紧器锁止。放手后，安全带又能自动卷收，如图 2-26 所示。

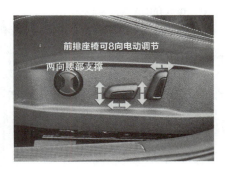
图 2-25　电动调节座椅旋钮

②检查安全带锁,将安全带锁舌插入红色锁扣中,如图 2-27 所示,应能锁住拉不出;并且仪表盘上的安全带指示灯由亮变暗,显示安全带锁止正常,如图 2-28 所示。

图 2-26　安全带

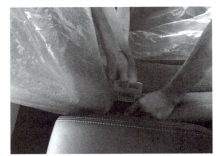
图 2-27　安全带锁扣

③按解锁按钮,安全带锁解锁,检查卡扣位是否损坏,按钮是否灵活,如图 2-29 所示。

图 2-28　安全带指示灯

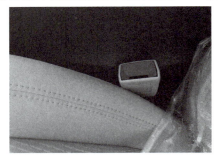
图 2-29　安全带锁扣

【任务检测】

1.填空题

(1)汽车座位按功能可分为固定式、_____、_____。

(2)汽车安全带织带是用尼龙或聚酯等合成纤维织成的宽约_____mm、厚约_____mm 的带。

(3)汽车安全带固定机构包括带扣、_____、_____和_____等。

2.判断题

(1)汽车安全带是公认的最廉价也是最有效的安全装置。　　　　　　　(　　)

(2)汽车座位按乘坐人数可分为单人椅、双人椅、多人椅。　　　　　　(　　)

(3)卷收器能根据乘员的坐姿、身材等来调节安全带长度。　　　　　　(　　)

3.简答题

(1)简述汽车座椅的分类及要求。

(2)简述汽车安全带的分类及结构特点。

【任务评价】

评价表

序号	项目	操作内容	配分/分	评分标准	得分/分
1	操作前准备	工具、用品准备	10	工具准备齐全，无缺漏	
2	安全防护	检查车辆是否停稳；驻车制动是否可靠；个人是否穿戴好劳保用品	10	检查后，车辆制动可靠	
3	座椅的检查方法	检查座椅安装情况	5	前后左右扳动，检查其是否松动、摇晃	
4		检查座椅固定支座及导轨	10	支座的螺栓和螺母应无松动或缺失，导轨无卡滞	
5		检查座椅前后移动情况	10	用手扳动座椅移动杆，座椅应该能前后移动自如，无卡滞现象	
6		检查座椅靠背	10	用手扳动座椅靠背摆动杆，座椅应该能前后移动自如，无卡滞现象	
7	安全带的检查方法	检查安全带表面及惯性锁	10	安全带表面完整，应无撕裂、无磨损。用手握住安全带的一端，然后瞬间大力拉动安全带，安全带应该不能被外力拉动，而应被锁紧器锁止。放手后，安全带又能自动卷收	
8		检查安全带锁	10	将安全带锁舌插入红色锁扣中，应能锁住拉不出；并且仪表盘上的安全带指示灯由亮变暗，显示安全带锁止正常	
9		检查安全卡扣	5	检查卡扣位是否损坏，按钮是否灵活	
10	质检、交车	检查任务完成效果	10	检查没有遗漏	
11	工位清理	工具整理、场地打扫	10	工具归还无遗漏、场地打扫干净	
	总　　分		100	合　　计	

项目三 | 汽车前舱油液的维护

　　汽车内各油液对汽车的工作至关重要。各品牌车型都有相关的保养要求。相关保养手册内做了以下描述：

　　为了使发动机、变速箱、离合器、制动系统、蓄电池等正常工作，油脂类用品（机油、刹车油、助力泵油、变速箱油）和液类（制动液、蓄电池电解液、冷却液等）用品是非常重要的。

　　这些油液具有润滑、冷却、防锈等作用，其在使用过程中会逐渐减少、变脏，这是造成汽车零部件工作性能降低和发生故障（烧蚀、工作不良）的原因。

　　为了能够不损坏汽车，请务必定期补充或更换油脂、液类用品。

学习目标

- 认识相关油液标志；
- 熟知油液检查前的准备工作；
- 学会检查汽车油液，包括冷却液、洗涤液、转向液、制动液、润滑油、变速箱油液位等。

/任务一/ 维护可目检油液

【任务描述】

汽车在使用过程中,需要各种油液的参与。定期检查油液分量及质量,对汽车的性能、寿命及安全都十分重要。

【相关知识】

1.汽车前舱中的油液位置

大众汽车的各种油液位置如图 3-1 所示。

图 3-1　大众汽车油液位置

福特汽车的各种油液位置如图 3-2 所示。

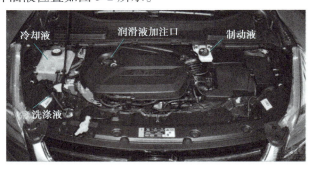

图 3-2　福特汽车油液位置

不同的车型,各油液位置不同。面对繁多的车型,关键是认清各油液的标记,见表 3-1。

表 3-1　各油液标记

油液	标记	作用	实物	组成
洗涤液		用于清洗汽车前挡风玻璃		由水、酒精、乙二醇、缓蚀剂及多种表面活性剂组成
冷却液		参与发动机冷却循环工作,冷却发动机		由乙二醇、防腐蚀添加剂、抗泡沫添加剂和水组成
制动液		液压制动系统中传递制动压力的液态介质		常用合成型:醚、醇、酯等掺入润滑、抗氧化、防锈、抗橡胶溶胀等添加剂
转向液		液压转向系统中传递转向压力的液态介质		醚、醇、酯等掺入润滑、抗氧化、防锈等添加剂

2.洗涤液的选用

市面上常见的洗涤液分以下两种:

● 浓缩型:需要按照规定比例与水稀释后,方可以使用。

● 非浓缩型:不用与水稀释,直接使用。

另外,各个地区根据当地的最低温度可以选择夏季洗涤液、冬季洗涤液、特效防冻洗涤液中的一种,如图 3-3 所示。

例如,车辆在广东地区使用(最低温 0 ℃),选择夏季洗涤液;车辆在四川地区使用(最低温-20 ℃),选用冬季洗涤液,如图 3-4 所示。

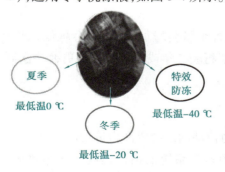

图 3-3　洗涤液种类

图 3-4　选用防冻洗涤液

3.冷却液的选用

冷却液按防冻剂成分不同可分为酒精型、甘油型、乙二醇型等类型。目前国内外发动机所使用的冷却液几乎都是乙二醇型冷却液。

冷却液与洗涤液的选用方法类似,必须以所在地区冬季最低温度作参考。一般情况下,所选冷却液的冰点应比当地冬季最低温低 10～15 ℃。

例如,车辆在湖南地区使用,当地最低温度为−20 ℃。汽车的冷却液应选用冰点为−35 ℃的冷却液。冷却液参数如图 3-5 所示。

产品名称	大众防冻液
配件号	G 050 774 Z3
产品容量	2 L/瓶
保质期	3年/开封后1年
液体颜色	红色
冰点/沸点	冰点−35 ℃,沸点130 ℃
瓶口封口	无铝膜

图 3-5　冷却液参数

4.制动液的选用

常用的进口制动液有 DOT-3,DOT-4 和 DOT-5。其数字越大,级别越高,沸点越高。制动液沸点见表 3-2。

表 3-2　制动液沸点

	工作情况	DOT-3	DOT-4	DOT-5
沸　点	干	205 ℃以上	230 ℃以上	260 ℃以上
	湿	140 ℃以上	155 ℃以上	180 ℃以上

国产制动液有 JG0,JG1,JG2,JG3,JG4,JG5 六个质量等级。其数字越大,级别越高,沸点越高。

制动液吸湿性较强,使用一段时间后,其含水量会增加,沸点就会越低,制动时越易沸腾,影响汽车的安全性。为保证安全,汽车一般行驶 2 年或 4 万千米应更换一次制动液。制动液参数如图 3-6 所示。

5.转向液的选用

目前在市面上,大多数车型选用 ATF 液力传动油或合成液力传动油。

转向液的使用期限,根据不同车型的动力转向系统的精密程度和使用要求有所差异。例如,大众高尔夫选择大众专用转向液,4 年或 6 万千米更换一次。市面上常见的转向液如图 3-7 所示。

品　　牌	BOSCH/博世
名　　称	机动车制动液
产　　地	中国
等　　级	DOT-4
净 含 量	1 L
保 质 期	5年
干 沸 点	≥250 ℃
湿 沸 点	≥160 ℃
更换周期	2年或者4万千米
适用范围	所有符合DOT-4标准的车辆

图 3-6　制动液参数

图 3-7　市面上常见的转向液

【任务实施】

1.操作内容

教师准备好车辆及检测设备,学生分成小组。先认识汽车前舱内各个部件,根据油液符号找出对应的油液储存罐,进行检查,必要时进行补给及质量检测。

2.操作准备

（1）工具准备

劳保用品、车轮挡块、车外三件套、冰点仪、制动液水分测试仪、电筒、布。

（2）车辆准备

在发动机舱进行任何作业前都务必先按规定顺序进行以下操作:

①在一处平坦而坚实地面上停车。

②关闭关动机,拔下点火钥匙。

③打开驻车制动器。

④将换挡杆挂入空挡或将变速杆挂入挡位 P。

⑤待发动机冷却。

⑥让儿童远离汽车。

⑦打开发动机舱盖。

⑧请确保汽车不会意外自行移动。

> ★提示
>
> 务必遵循核对表中的操作,并遵守通用的安全护防措施。
>
> 更换或添加车用油液时切勿加错油液,必须按系统功能添加品种和规格均无误的油液;否则,将导致严重的功能故障,损坏发动机!
>
> 车用油液对环境有害!

3.操作步骤

（1）安全、防护工作

车辆停放平地,安放车轮挡块,如图 3-8 所示。打开前舱,安装车外三件套,如图 3-9 所示。

图 3-8　车辆安放

图 3-9　车外三件套

（2）检查洗涤液

①找出洗涤液储存罐位置,如图 3-10 所示,打开盖子。拉出液位条,液位应处于"NOR-MAL"与"LOW"之间,如图 3-11 所示。

图 3-10　洗涤液储存罐

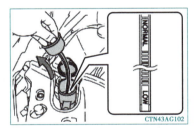

图 3-11　洗涤液液位

②液位若低于"LOW"刻度,请补给。洗涤液补给如图 3-12 所示。

图 3-12　洗涤液补给

★提示

请根据所处地区,选择合适的洗涤液型号。

即买即用型洗涤液掺水会造成结冰而损坏洗涤器系统部件。

使用浓缩洗涤液时,请按说明书加水稀释。

切勿使用皂液或冷却液代替;否则,有可能损毁汽车漆面。

天气寒冷时,洗涤液储存罐只能加到四分之三满,以免之后因温度升高,洗涤液膨胀而损坏储存罐。

（3）检查冷却液

①找出冷却液副水箱位置，如图 3-13 所示。液位应处于"FULL"与"LOW"之间，如图 3-14 所示。

图 3-13　冷却液副水箱

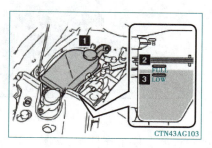

图 3-14　冷却液液位

②若液位低于"LOW"刻度，打开冷却液盖，及时补给冷却液，如图 3-15 所示。

图 3-15　冷却液补给

③根据车型排量选择冷却液的升数，见表 3-3。

表 3-3　冷却液升数

车　型	排　量	冷却液用量/L	备　注
轿车	1.4~2.5 L	6~8	四缸机
	2.5~3.0 L	8~12	六缸机
	3.0 L 以上	10~14	八缸机
	1.4~2.0 T	6~10	四缸涡轮增压机
MPV 或中小型 SUV	2.4 L	10~12	奥德赛、艾力绅等
大型 SUV	3.0 L 以上	12~14	卡宴、Q7 等

★警告

在发动机熄火冷却后，才可以打开盖，以免因压力过高，飞喷烫热的冷却液。

冷却液有毒，如果眼睛接触冷却液后，请及时用干净水冲洗眼睛。必要时，请及时就医。

④使用冰点仪,检查冷却液冰点,如图 3-16 所示。

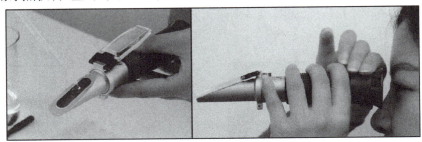

图 3-16　检查冷却液冰点

清水检查冰点仪工作情况,如图 3-17 所示,清水冰点为 0 ℃,正常。

滴入冷却液,检查冰点,如图 3-18 所示,乙二醇冷却液的冰点为-17 ℃。根据所在地区选用适合的冷却液。

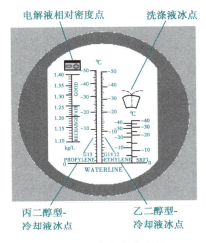

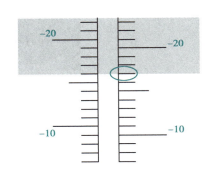

图 3-17　清水冰点 0 ℃

图 3-18　乙二醇冷却液冰点-17 ℃

⑤如图 3-19 所示,检查水管是否老化、开裂;卡口位置是否松动、漏水。如图 3-20 所示,检查、清洁散热器,以防堵物影响散热。

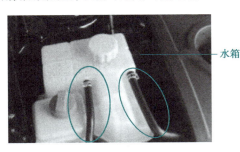

图 3-19　检查水管

图 3-20　检查散热器

(4)检查制动液

①找出制动液储存罐位置,如图 3-21 所示。在储存罐外部,查看液位,如图 3-22 所示。

图 3-21　制动液储存罐

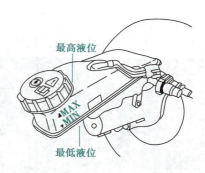

图 3-22　制动液液位

②若低于"MIN"刻度,请补给,如图 3-23 所示。

图 3-23　制动液补给

③插入制动液水分测试仪,如图 3-24 所示,测试所含水分。当水分含量达到3%时,请立刻更换制动液。

红色:刹车油中含水量至少4%
红色:刹车油中含水量约3%
黄色:刹车油中含水量约2%
黄色:刹车油中含水量低于1%
绿色:电池OK,即刹车油中不含水

图 3-24　制动液水分测试仪

★提示

　　使用错误的制动液会严重损坏制动液压系统的部件,请根据维修手册添加合适的制动液。

　　制动液溅到漆面、轮胎、底盘等处后,请立刻清洗,否则会使其损坏。

　　制动液具有腐蚀性,手、脸部接触制动液后,请立刻清洗。

（5）检查转向液

①找出转向液储存罐位置,如图 3-25 所示。在储存罐外部查看液位,如图 3-26 所示。

图 3-25　转向液储存罐　　　　　　　　图 3-26　转向液液位

②液位应处于"FULL"与"LOW"之间。若液位低于"LOW",请补给。

★提示

　　目前在市面上,大多数主流车型都是采用电子转向控制。大多数车型没有转向液储存罐。

【任务检测】

1.填空题

（1）填写以下符号对应的油液名称。

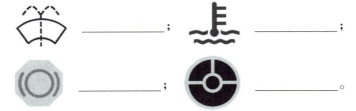

　　　　　　　　　　　　　　　；　　　　　　　　　　　　　　　；

　　　　　　　　　　　　　　　；　　　　　　　　　　　　　　　。

（2）图中冰点仪显示乙二醇型冷却液冰点为　　　　　℃。

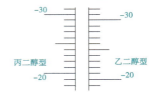

（3）常用进口制动液油包括　　　　　　、　　　　　　、　　　　　　3 类。

（4）冷却液飞溅到眼睛后,处理方法是　　　　　　　　　　　　　　。

2.判断题

（1）汽车冷却液的检查必须在汽车冷却的情况下进行。　　　　　　　　（　　）

（2）废油液可以直接排污到下水道中。 （　　）

（3）冷却液与洗涤液的选用方法类似,必须以所在地区冬季最低温度作参考。一般情况下冷却液的冰点应选择比当地冬季最低温低 10～15 ℃。 （　　）

（4）国产制动液有 JG0,JG1,JG2,JG3,JG4,JG5 六个质量等级。其数字越大,级别越高,沸点越高。 （　　）

（5）制动液水分检查中,含水量为 4%,结果正常,不必进行更换。 （　　）

【任务评价】

评价表

序 号	项 目	操作内容	配分/分	评分标准	得分/分
1	操作前准备	工具、用品准备	10	工具准备齐全,无缺漏	
2	安全防护	检查车辆是否停稳;驻车制动是否可靠;个人是否穿戴好劳保用品	5	检查后,车辆制动可靠	
3	油液选用的原则	根据维修手册选用	10	规范查阅维修手册	
4		根据车辆实际情况选用	5	结合车辆状况	
5		根据实际环境选用	5	结合环境温度	
6	冷却液的检查方法	检查冷却液液位	5	规范检查液位	
7		添加冷却液	5	添加至适合液位	
8		使用冰点仪	5	规范使用设备	
9		检查冷却液管路	5	规范检查管路	
10	制动液的检查方法	检查制动液液位	5	规范检查液位	
11		添加制动液	5	添加至适合液位	
12		检查制动液水分	5	规范使用设备	
13		检查制动液管路	5	规范检查管路	
14	转向液的检查方法	检查转向液液位	5	规范检查液位	
15		添加转向液	5	添加至适合液位	
16	质检、交车	检查任务完成效果	10	检查没有遗漏	
17	工位清理	工具整理、场地打扫	5	工具归还无遗漏、场地打扫干净	
总 分			100	合 计	

/任务二/ 维护润滑油及变速箱油

【任务描述】

汽车在使用过程中,需要各种油液的参与。定期检查油液分量及质量,对汽车的性能、寿命及安全都十分重要。

【相关知识】

1.润滑油尺及变速箱油尺的位置

不同车型润滑油尺的位置和颜色有所不同,如图 3-27 所示。

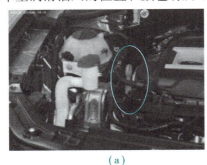 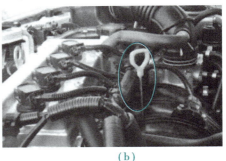

（a）   （b）

图 3-27　油尺位置

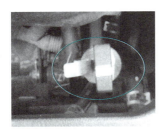

图 3-28　变速箱油尺

手动式变速箱油尺一般比润滑油尺短,多为黑色,如图3-28所示。现在大多数轿车为自动变速箱,一般取消了变速箱油尺。甚至很多车型推出了终身免维护变速箱。

要根据发动机及变速箱的位置区分润滑油尺及变速箱油尺。

2.润滑油的选用

不同的汽车根据使用的条件及要求,需要用到不同的润滑油。不是任何一种润滑油都适用所有的汽车。

（1）查看《用户手册》

根据《用户手册》(或《保养手册》)内的要求,选用合适的润滑油,手册内明确了使用要求,并作了推荐。如图 3-29 所示摘自相关的《用户手册》。

■ 发动机机油选择

丰田车使用的是"Toyota Genunie Motor Oil"(丰田纯正机油)。使用丰田推荐的"Toyota Genunie Motor Oil"(丰田纯正机油)或符合下列等级和黏度的同等产品。

机油等级：

0W-20、5W-20、5W-30和10W-30：

API SL级"Energy-Conserving"、SM级"Energy-Conserving"、SN级"Resource-Conserving"或ILSAC多级发动机机油

15W-40和20W-50：

API SL级、SM级或SM级多级发动机机油

推荐黏度（SAE）：

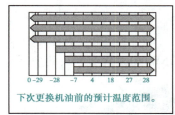

下次更换机油前的预计温度范围。

如果在寒冷天气下使用SAE 10W-30或黏度更高的发动机机油，则发动机可能难以启动，因此推荐使用SAE 0W-20、5W-20或5W-30的发动机机油。

使用0W-20的机油可最大限度地节省燃油。

图 3-29　润滑油选用要求

（2）查看润滑油种类

润滑油分为汽油机用油和柴油机用油两种。

汽油发动机润滑油分为矿物油和合成油两种，合成油又分为半合成油和全合成油。市面上多用半合成油和全合成油（图 3-30）。

品质、性能、使用寿命及价格由高至低排名：全合成油、半合成油、矿物油。

（3）查看 API 品质等级

美国石油协会（API）制订了质量等级，如图 3-31 所示。

图 3-30　全合成机油　　　　图 3-31　润滑油 API 品质等级

　　目前，我国汽油发动机用油及柴油机用油分类所执行的标准：汽油发动机用油，"S"开头，如图 3-32 所示；柴油发动机用油，"C"开头，如图 3-33 所示。

图 3-32　汽油发动机用油标准　　　　　　　　　图 3-33　柴油发动机用油标准

当"S"和"C"两个字母同时存在时,则表示此润滑油为汽/柴通用型。

(4)查看 SAE 黏度

美国汽车工程师协会(SAE)制订了黏度等级,分为 3 种,即冬季用油、夏季用油及冬夏通用油,如图 3-34 所示。我国执行的标准如下:

冬季用油:0W,5W,10W,15W,20W 及 25W。

夏季用油:10,20,30,40,50,60。

冬夏通用油类别较多,如 5W-20,10W-30,15W-30,20W20 等,共 16 种。

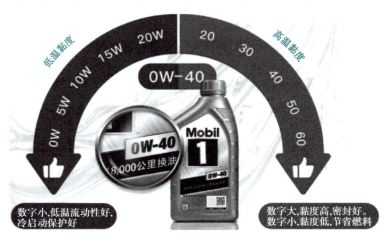

图 3-34　润滑油 SAE 黏度等级

数字所代表的含义如图 3-35 所示。

图 3-35　润滑油 SAE 黏度数字的含义

在选择润滑油时,要注意查看车型对应的《用户手册》以及润滑油的相关参数,如图 3-36 所示。

从SA开始，字母越靠后质量等级越高
S代表汽油发动机用油

数值越大说明机油越黏，可使用的环境温度越高

表示Winter(冬季)

数字越小，所使用的环境温度越低

图3-36　润滑油选择参数

3.变速箱油的选用

变速箱油的分类见表3-4。

表3-4　变速箱油的分类

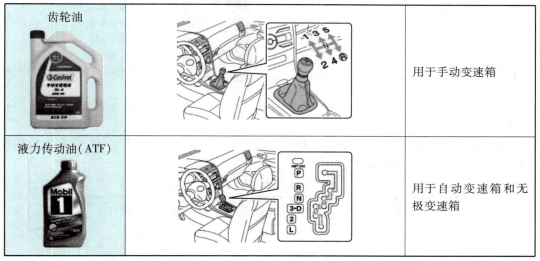

齿轮油		用于手动变速箱
液力传动油（ATF）		用于自动变速箱和无极变速箱

（1）齿轮油的选择方法

①查看《用户手册》：

根据《用户手册》（或《保养手册》）内的要求，选用合适的变速箱油。手册内明确了使用要求，并做了推荐。表3-5摘自相关《用户手册》。

表3-5　变速箱油选用要求

手动变速器	
齿轮油容量（参考）	▶1ZR 发动机 1.9 L（千克） ▶2ZR 发动机 2.3 L（千克）
齿轮油类型	TOYOTA Genuine Manual Transmission Gear Oil LV（丰田纯正手动变速器齿轮油LV）或同等产品

续表

手动变速器	
推荐 API 等级	GL-4
推荐齿轮油黏度	SAE 75W

②查看 API 品质等级：

美国石油协会（API）制订了质量等级，如图 3-37 所示。我国执行的标准见表 3-6。

表 3-6　我国汽车齿轮油标准

类　型	API 分类号
普通车辆齿轮油	GL-3
中负荷车辆齿轮油	GL-4
重负荷车辆齿轮油	GL-5

品牌：美孚（Mobel）
品名：百宝GX
级别：GL-4
粘度：80W-90
容量：4 L
保质期：5年（未开封）
机油分类：重负荷齿轮润滑油

图 3-37　API 质量等级

③查看 SAE 黏度：

美国汽车工程师协会（SAE）制订了黏度等级，分为 3 种，即冬季齿轮油、夏季齿轮油及多级齿轮油。我国执行的标准见表 3-7。

表 3-7　齿轮油 SAE 黏度

分　类	黏度牌号	适用最低温度/℃
冬季齿轮油	70W	−50
	75W	−40
	80W	−22
	85W	−12
夏季齿轮油	90	−10
	140	10
	250	20

多级齿轮油的牌号有 75W/90，80W/90，85W/90，85W/140 等。

变速箱油的选用请根据《用户手册》推荐、变速箱齿轮类型、工作负荷及当地最低温度所选用。目前我国车辆齿轮油 3 类产品标准中已有 17 种（"●"部分）系列产品，见表 3-8。

表 3-8　我国已有齿轮油系列

质量级别	75W/90	80W/90	85W/90	85W/140	90	140
普通齿轮油 GL-3		●	●	●	●	●
中负荷齿轮油 GL-4	●	●	●	●	●	●
重负荷齿轮油 GL-5	●	●	●	●	●	

（2）液力传动油的选择方法

①查看《用户手册》：

根据《用户手册》（或《保养手册》）内的要求，选用合适的变速箱油，手册明确了使用要求，并做了推荐。表3-9摘自相关《用户手册》。

表3-9　变速箱油选用要求

无级变速器	
油液容量	7.6 L（千克）
油液类型	Toyota Genuine CVT FLUID FE（丰田纯正 CVT FLUID FE）

油液容量为参考量。如需要换，请联系丰田经销店。

②查看规格及使用范围：

国外液力传动油多采用美国 ASTM 和 API 制订的 PTF 使用分类法，见表3-10，分为 PTF-1、PTF-2 和 PTF-3。

表3-10　PTF 使用分类法

分　类	符合的规格	适用范围
PTF-1	通用汽车公司 GM DEXRON Ⅱ、福特汽车公司 FORD M2C33-F 等	轿车和轻型货车液力传动油
PTF-2	通用汽车公司 GM Track、Coach 等	重型货车和越野汽车液力传动油
PTF-3	福特 FORD M2Cφ1A、约翰迪尔 John Deere J-20A 等	农业和建筑机械液力传动油

国产液力传动油分为 6 号和 8 号，与国外液力传动油的对应关系见表3-11。

表3-11　国外液力传动油与国内液力传动油的对应关系

国外分类	国内分类	应用范围
PTF-1	8	轿车和轻型货车
PTF-2	6	越野汽车、载货汽车和工程机械
PTF-3	6	农业和建筑野外机械

【任务实施】

1.操作内容

教师准备好车辆及检测设备，学生分成小组。先找出润滑油尺和变速箱油尺的位置，进行检查，必要时进行补给及质量检测。

2.操作准备

（1）工具准备

劳保用品、车轮挡块、车外三件套、布、纸巾、检测试纸。

（2）车辆准备

准备内容与项目三任务一的内容一致。

3.操作步骤

（1）安全、防护工作

车辆停放平地，安放车轮挡块，如图 3-38 所示。打开前舱，安装车外三件套，如图 3-39 所示。

图 3-38　车辆安放

图 3-39　车外三件套

（2）检查润滑油

①找出润滑油尺，拉出油尺，如图 3-40 所示。

图 3-40　拉出润滑油油尺

★提示

　　拉出油尺时，请在下面垫布，以防润滑油滴落在发动机舱内。

　　润滑油滴落在发动机舱内，请马上清理，否则有燃烧的危险！

　　油尺拉出后，请勿弯曲或弄脏，以免影响查看油量及弄脏润滑油。

用布或纸巾擦干净油尺，如图 3-41 所示。把油尺重新完全插入，如图 3-42 所示。

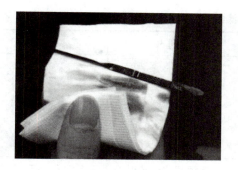

图 3-41 擦净油尺

图 3-42 再次插入油尺

②再次拉出油尺,查看油位,如图 3-43 所示。

机油尺的形状因车型及发动机不同而不同。

如油位在 MIN 与 MAX 之间则正常,重新把油尺完全插入。低液位及液位过满的处理办法见"项目五"。

③用润滑油检测试纸检查润滑油的品质,取油尺滴 1~2 滴润滑油于检测试纸上,如图 3-44 所示。

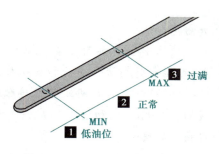

图 3-43 查看油位

图 3-44 检查润滑油品质

油环在试纸上呈现沉积环、扩散环和油环,如图 3-45 所示。

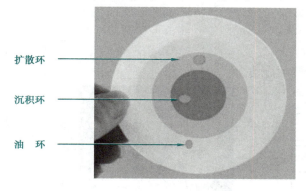

图 3-45 油环

根据润滑油的品质及使用情况,会出现以下 4 种级别,见表 3-12。

表 3-12　润滑油滤纸实验品质

级别 1	级别 2	级别 3	级别 4
沉积区与扩散区无明显界限,扩散均匀,油淡而明亮,油质良好	沉积环与扩散环有分界线,油环为不同深度的黄色,油质已污染	沉积环深黑色,沉积物密集,油环颜色变深,油质已经劣化,建议更换	只有沉积环和油环,没有扩散环,沉积乌黑,严重变质,必须更换

（3）检查变速箱油

变速箱油位与润滑油位的检查方法相同。不同的是,变速箱油尺分热机油位与冷机油位。部分车型没有变速箱油尺,具体检查方法可以参见仪表盘上的指示灯。油位异常时,仪表盘上会显示相关的报警指示灯。

热机时的油位应在上方区域,冷机时的油位应在下方区域,如图 3-46 所示。

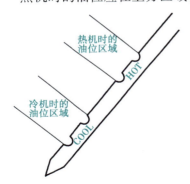

图 3-46　变速箱油尺液位区域

★警告

废油中含有具有潜在危害性的物质,可能会引起诸如皮炎和皮肤癌等皮肤疾病,应避免长时间或频繁接触这类废油。要用肥皂和清水彻底清洗沾在皮肤上的废油。

【任务检测】

1.填空题

（1）国产液力传动油分类为_____和_____。

（2）
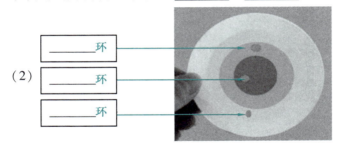

_____环

_____环

_____环

（3）润滑油 SAE 黏度中,冬季用油有 0W,_____,10W,_____,20W 及 25W;夏季

用油有 10,20,_____,40,50,_____ 等。

2.判断题

（1）汽油 API 品质等级中,SG 要高于 SD。 （   ）

（2）齿轮油 SAE 黏度等级中,80W 的最低工作地区温度为−40 ℃。 （   ）

（3）液力传动油美国 PTF 使用分类法中,PTF-2 适用于轿车和轻型货车。 （   ）

（4）我国齿轮油 API 等级分为 GL-3,GL-4 及 GL-5。 （   ）

（5）变速箱油位在热机和冷机时是相同的。 （   ）

【任务评价】

评价表

序号	项目	操作内容	配分/分	评分标准	得分/分
1	操作前准备	工具、用品准备	10	工具准备齐全,无缺漏	
2	安全防护	检查车辆是否停稳;驻车制动是否可靠;个人是否穿戴好劳保用品	10	检查后,车辆制动可靠	
3	润滑油尺及变速箱油尺的位置	润滑油油尺的位置	5	正确找出油尺	
4		变速箱油尺的位置	5	正确找出油尺	
5	润滑油的选用	根据维修手册选用	5	规范查阅维修手册	
6		润滑油的分类	5	熟记分类	
7		润滑油的 API 品质等级	5	熟记 API 品质等级	
8		润滑油的 SAE 黏度	5	熟记 SAE 黏度	
9	变速箱油的选用	根据维修手册选用	5	规范查阅维修手册	
10		变速箱油的分类	5	熟记分类	
11		变速箱油的 API 品质等级	5	熟记 API 品质等级	
12		变速箱油的 SAE 黏度	5	熟记 SAE 黏度	
13	润滑油的检查方法	油尺的使用	5	规范使用油尺	
14		油品的检查	5	正确分辨油质情况	
15	变速箱油的检查方法	油尺的使用	5	规范使用油尺	
16	质检、交车	检查任务完成效果	5	检查没有遗漏	
17	工位清理	工具整理、场地打扫	10	工具归还无遗漏、场地打扫干净	
总分			100	合计	

项目四 | "三滤"的维护

　　所谓"三滤",是指空气滤清器、汽油滤清器及润滑油滤清器。对"三滤"及时地进行保养,能充分发挥发动机性能,减少发动机故障,有利于延长发动机的使用寿命。

　　车辆根据行驶里程数或保养间隔进行维护,其中"三滤"的维护对汽车寿命至关重要。

学习目标

- 认识"三滤"的含义;
- 清楚"三滤"的工作原理;
- 学会检查更换空气滤清器、汽油滤清器及润滑油滤清器。

/任务一/ 维护空气滤清器

【任务描述】

空气滤清器用于清除空气中的微粒杂质,防止灰尘等杂质进入发动机,以免磨蚀和损坏发动机,所以必须定期进行清洁或更换。

【相关知识】

1.找出空气滤清器的位置

空气滤清器的位置在进气管中间,节气门前端。

雪佛兰科鲁兹汽车的空气滤清器位置如图4-1所示。

图4-1　科鲁兹汽车空气滤清器

丰田卡罗拉汽车的空气滤清器位置如图4-2所示。

图4-2　卡罗拉汽车空气滤清器

2.空气滤清器的分类

空气滤清器有两种,即干式和湿式。

(1)干式空气滤清器

干式空气滤清器是指通过一个干式滤芯,如纸滤芯将空气中的杂质分离出来的滤清器。

轻型车(含轿车、微型车)所用的空气滤清器一般为单级。它的形状有扁圆或椭圆及平板式,过滤材料为滤纸或非织造布,如图 4-3 所示。在额定空气体积流量下,滤芯的原始滤清效率应不低于 99.5%。

重型车工作环境恶劣,其空气滤清器必须是多级的。第一级为旋流式预滤器(如叶片环、旋流管等),用于滤除粗大颗粒杂质,过滤效率在 80% 以上;第二级细滤是微孔纸滤芯(一般称为主滤芯),其过滤效率达 99.5% 以上,如图 4-4 所示。

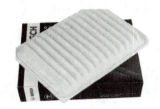

图 4-3 轻型车干式空气滤清器　　　　图 4-4 重型车干式空气滤清器

(2)湿式空气滤清器

湿式空气滤清器包括油浸式和油浴式两种。

● 油浸式:通过一个油浸过的滤芯,将空气中的杂质分离出来,其滤芯材料有金属丝织物的,也有发泡材料的。

● 油浴式:将吸进的含尘空气导入油池而除去大部分灰尘,再在带油雾的空气向上流经一个由金属丝绕成的滤芯时作进一步过滤,油滴和被拦住的灰尘一起返回到油池。油浴式空气滤清器一般用于农业机构和船用动力。

【任务实施】

1.操作内容

教师准备好车辆及检测设备,学生分成小组。先在汽车前舱内部找出空气滤清器的位置,再进行相关操作。

2.操作准备

(1)工具准备

劳保用品、车轮挡块、车外三件套、手套、十字刀、高压风枪。

(2)车辆准备

在发动机舱进行任何作业前都务必先按规定顺序进行以下操作:

①在一处平坦且坚实的地面上停车。

②关闭关动机,拔下点火钥匙。

③打开驻车制动器。

④将换挡杆挂入空挡或将变速杆挂入挡位 P。

⑤待发动机冷却。

⑥打开发动机舱盖。

⑦请确保汽车不会意外自行移动。

★提示

打开空气滤清器外壳时,注意规范性,以免损坏卡扣或折断空气进气管。

请戴好手套,以免烫伤或刮伤。

3.操作步骤

(1)安全、防护工作

车辆停放平地,安放车轮挡块,如图 4-5 所示。打开前舱,安装车外三件套,如图 4-6 所示。

图 4-5　车辆安放　　　　　图 4-6　车外三件套

(2)拆卸空气滤清器

①找出并打开空气滤清器。部分车型是螺栓紧固,如图 4-7 所示;部分车型是卡扣紧固,如图 4-8 所示。拆卸螺栓或松开卡扣,打开空气滤清器外壳。

图 4-7　螺栓紧固空气滤清器　　　　图 4-8　卡扣紧固空气滤清器

②取出空气滤清器,如图4-9所示。

★提示

注意取出的方向及朝向。部分空气滤清器上有指示方向,必须按规定安装。

图4-9 取出空气滤清器

(3)清洁或更换空气滤清器

①清洁滤清器罩内侧,如图4-10所示。检查滤清器是否完好无损,视情况进行清洁或更换新滤清器。

②若保养车辆距离上一次更换不到40个月,且滤清器完好无损。用压缩空气机或打气筒(气压不得超过0.2~0.3 MPa,以防损坏滤纸)从滤芯内向外吹气,以吹去黏附在滤芯外表面上的灰尘,如图4-11所示。

图4-10 清洁滤清器罩内侧

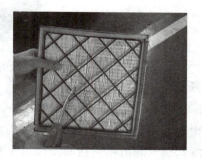

图4-11 压缩空气机清洁滤芯

③若距离上一次更换超过40个月,或者滤清器过于发黑有异味、损坏。请更换新的滤清器,如图4-12所示。注意,换取型号相同、规格一致的滤清器。

★提示

当发现滤芯破损,或滤芯上、下端面翘不平,或橡胶密封圈老化变形、破损,均应更换新件。

安装时,要注意各结合部位的垫片或密封圈不得漏装或错装,以免空气短路。

图4-12 更换新的滤清器

【任务检测】

1.填空题

(1)根据丰田《用户手册》汽车空气滤清器每_____ km 或_____个月需要进行更换。

(2)重型空气滤清器第一级为旋流式预滤器用于滤除_____，第二级细滤是_____。

(3)图 4-13 的空气滤清器属于_____空气滤清器。

图 4-13　题(3)图

2.判断题

(1)空气滤清器有两种,即干式和湿式。　　　　　　　　　　　　　　　　　　(　　)

(2)根据丰田《用户手册》汽车空气滤清器,每20 km 或24个月需要进行检查。(　　)

(3)湿式空气滤清器包括油浸式和油淋式两种。　　　　　　　　　　　　　　(　　)

【任务评价】

评价表

序　号	项　目	操作内容	配分/分	评分标准	得分/分
1	操作前准备	工具、用品准备	5	工具准备齐全,无缺漏	
2	安全防护	检查车辆是否停稳;驻车制动是否可靠;个人是否穿戴好劳保用品	5	检查后,车辆制动可靠	
3	空气滤清器的位置	根据车辆情况找出空气滤清器	5	正确找出位置	

续表

序　号	项　目	操作内容	配分/分	评分标准	得分/分
4	空气滤清器的分类	干式空气滤清器	5	能够正确识别	
5		湿式油浸式空气滤清器	5	能够正确识别	
6		湿式油浴式空气滤清器	5	能够正确识别	
7	空气滤清器的拆装	螺栓紧固式	5	规范拆卸	
8		卡扣紧固式	5	规范拆卸	
9		安装方向	10	方向正确	
10		紧固到位	5	规范安装	
11	空气滤清器的清洁	清洁滤清器罩内侧	5	规范清洁,没有赃物	
12		清洁空气滤清器	10	使用高压风枪、清洗方向正确	
13		更换空气滤清器	10	根据实际使用情况更换	
14	质检、交车	检查任务完成效果	10	检查没有遗漏	
15	工位清理	工具整理、场地打扫	10	工具归还无遗漏、场地打扫干净	
总　分			100	合　计	

/任务二/　维护汽油滤清器

【任务描述】

汽油滤清器的主要功能是滤除汽油中的杂质。如果汽油滤清器过脏或堵塞,主要表现为:深踩加油踏板时,动力输出较慢。汽油滤清器的作用十分重要,需要定期进行维护。

【相关知识】

1.汽油滤清器的分类及位置

常见的汽油滤清器有不带回路滤清器、带回路滤清器和集成滤清器,见表4-1。

表 4-1　常见汽油滤清器分类

分类	图　示	位　置
不带回路滤清器		车辆底盘油箱旁
带回路滤清器		车辆前舱内部
集成滤清器		车内后排座位下面

2.汽油滤清器的工作原理

汽油滤清器的内部结构如图 4-14 所示。汽油从下部进入,通过滤纸,汽油中的杂质颗粒被滞留在滤纸沟槽内,使汽油净化后再流出。

杂质包括水分、灰尘微粒和油泥。使用过后的汽油滤清器如图 4-15 所示。

图 4-14　汽油滤清器的内部结构

图 4-15　使用过后的汽油滤清器

图中黑色箭头→代表未经过滤的汽油,经过滤后为绿色箭头→的干净汽油,供发动机使用。流向指示如图4-16所示。

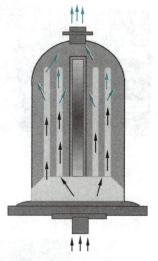

图4-16 汽油滤清器流向指示

【任务实施】

1.操作内容

教师准备好车辆及检测设备,学生分成小组。先找出汽油滤清器的位置,再进行相关操作。

2.操作准备

(1)工具准备

劳保用品、车轮挡块、车外三件套、扳手、钳子、汽油、布。

(2)车辆准备

准备内容与项目四任务一的内容一致。

> ★提示
>
> 更换汽油滤清器时,请注意周围通风,以免引起不适。同时注意不要引起火花或接听手机等,以免发生火灾!

3.操作步骤

以安装在车辆底盘油箱旁的汽油滤清器为例。

(1)安全、防护工作

车辆停放平地,安放车轮挡块如图4-17所示。打开前舱,安装车外三件套,如图4-18所示。

图4-17 车辆安放

图4-18 车外三件套

(2)更换汽油滤清器

①卸除油路内的高压汽油。拔出汽油泵继电器,如图4-19所示。着车2 s后熄火。目的是让输油管内的高压油卸除,以免拆卸汽油滤清器时,因压力过高溅射汽油。提前排除安全隐患,杜绝不必要的浪费。

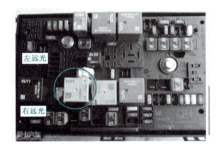

图 4-19　拔出汽油泵继电器

★提示

着车后发现,不能启动,只需要进行短暂启动操作,请不要继续着车!

保证工作环境通风、透气,以免汽油挥发后,浓度过高引起不适。

不能在周围引起明火或使用手机,以免引起爆炸。

②断开蓄电池负极,并包裹好。

③拆卸后排座位,拆除汽油泵密封盖板,如图 4-20 所示。显示油泵总成,如图 4-21 所示。

图 4-20　汽油泵密封盖板

图 4-21　油泵总成

④查阅对应车型维修手册,如图 4-22 所示,查看其油泵结构。

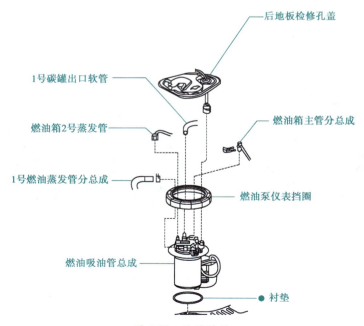

图 4-22　油泵结构

⑤拔出其对应管路部分,如图4-23所示,分别为1号碳罐出口软管、燃油箱2号蒸发管、1号燃油蒸发管分总成及插接电路。再拆卸汽油总成紧固环(蓝色环)。取出汽油泵总成,如图4-24所示。

图 4-23　油泵管路

图 4-24　汽油泵总成

⑥拔出油泵电源线及浮标信号线,拔出油泵电源线,如图4-25所示。

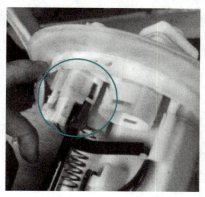

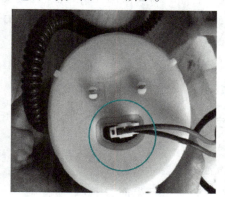

图 4-25　拔出汽油泵相关线路

★提示

　　拔线过程中,注意不要损坏插头及电线的绝缘层,杜绝安全隐患!

⑦更换粗滤装置,如图4-26所示,并用汽油清洗浮室、汽油泵外表等。

⑧清洁油箱底杂质,如图4-27所示。

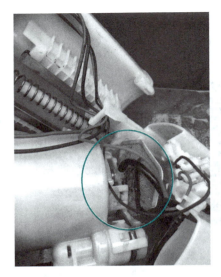

图 4-26　更换粗滤

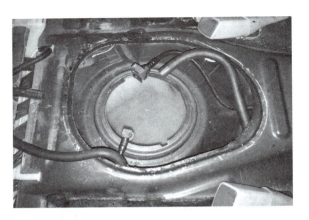

图 4-27　清洁油箱底杂质

　　⑨清洁完毕后,插接油泵电源线及浮标信号线,插接油泵电源线。安装油泵总成及紧固环,插接对应管路。安装汽油泵密封盖板,安装后排座位。

　　⑩安装继电器,连接蓄电池,试着车。因为输油管内无油,所以多次点火才能正常着车。

【任务检测】

1.填空题

(1)常见的汽油滤清器分别为_____、_____及_____。

(2)汽油滤清器杂质包括_____、_____及_____。

(3)更换汽油滤清器时,注意事项有_____。

2.判断题

(1)带回路滤清器安装在车辆前舱内部。　　　　　　　　　　　　　　　　　(　　)

(2)拆除汽油滤清器前,拔掉对应的继电器的目的是让输油管内的高压油卸除,以免拆卸汽油滤清器时,因压力过高溅射汽油。　　　　　　　　　　　　　　　　　(　　)

(3)汽油具有挥发性,作业后不用清洗双手。　　　　　　　　　　　　　　　(　　)

【任务评价】

评价表

序 号	项 目	操作内容	配分/分	评分标准	得分/分
1	操作前准备	工具、用品准备	10	工具准备齐全,无缺漏	
2	安全防护	检查车辆是否停稳;驻车制动是否可靠;个人是否穿戴好劳保用品	5	检查后,车辆制动可靠	
3	汽油滤清器分类及安装位置	不带回路滤清器	5	正确识别并能找到安装位置	
4		带回路滤清器	5	正确识别并能找到安装位置	
5		集成滤清器	5	正确识别并能找到安装位置	
6	汽油滤清器的工作原理	过滤杂质成分	5	水分、灰尘微粒及油泥	
7		过滤流动途径	5	清楚其过滤流动情况	
8	更换汽油滤清器	卸除油管内的压力	5	拆卸其继电器、试点火泄压	
9		拆卸油泵	10	规范拆卸	
10		清洁油泵	5	规范清洁	
11		安装油泵	10	规范安装	
12		断开及连接蓄电池负极	5	及时通断蓄电池负极	
13		时刻保持作业环境通风	5	保证环境安全	
14		着车情况	5	禁止长时间打火	
15	质检、交车	检查任务完成效果	5	检查没有遗漏	
16	工位清理	工具整理、场地打扫	10	工具归还无遗漏、场地打扫干净	
总 分			100	合 计	

/ 任务三 / 维护润滑油滤清器

【任务描述】

汽车润滑油滤清器用于去除机油中的灰尘、金属颗粒、碳沉淀物和煤烟颗粒等杂质,保护发动机,需要定期维护。

【相关知识】

1.润滑油滤清器的分类及位置

轿车的润滑油滤清器分为两种,见表4-2。

表 4-2　润滑油滤清器分类

分　类	图　示	位　置
整体式		常安装在车辆底盘发动机旁,有时也安装在车辆前舱内
滤纸式		常安装在车辆前舱内

2.润滑油滤清器的工作原理

未过滤的润滑油从外部的入口进入滤清器,经过滤芯过滤后,从中间的安装螺纹口流出;已过滤的润滑油进入润滑系统输油管内。其工作原理如图4-28所示。

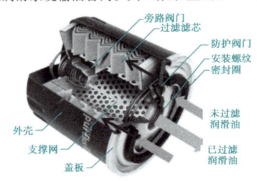

图 4-28　润滑油滤清器的工作原理

【任务实施】

1.操作内容

教师准备好车辆及检测设备,学生分成小组。先找出润滑油滤清器的位置,再进行相关操作。

2.操作准备

（1）工具准备

劳保用品、车轮挡块、车外三件套、车内三件套、润滑油收集器、新的润滑油、套筒、扭力扳手、短接杆、润滑油滤清器扳手、漏斗、手套、布、电筒。

（2）车辆准备

准备内容与项目四任务一的内容一致。

> ★提示
>
> 在操作过程中，润滑油滴落在地面上，请及时清理。以免人员滑倒，杜绝安全隐患。

3.操作步骤

以安装在车辆底盘发动机旁的润滑油滤清器为例。

（1）安全、防护工作

车辆停放平地，安放车轮挡块，如图4-29所示。打开前舱，安装车外三件套，如图4-30所示。打开车门，安装车内三件套，如图4-31所示。

图4-29 车辆安放

图4-30 车外三件套

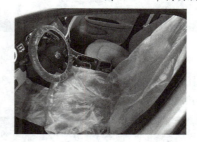

图4-31 车内三件套

（2）拆装润滑油排放塞及排放润滑油

①打开润滑油加注口，如图4-32所示。拉出润滑油油尺，如图4-33所示。

图4-32 打开润滑油加注口

图4-33 拉出润滑油油尺

②安全举升车辆,如图 4-34 所示。找出润滑油排放塞及滤清器位置,如图 4-35 所示。

图 4-34　安全举升车辆

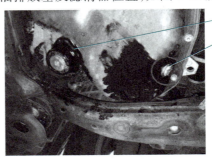

图 4-35　润滑油排放塞及滤清器位置

③逆时针旋转,拆卸排放塞,如图 4-36 所示。准备好润滑油收集器,排放润滑油,如图 4-37 所示。

图 4-36　拆卸排放塞

图 4-37　排放润滑油

④润滑油放尽后,紧固螺栓,如图 4-38 所示。使用力矩扳手,根据维修手册要求紧固,如图 4-39 所示。

图 4-38　紧固螺栓

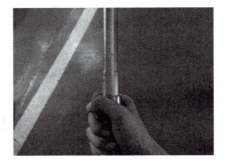

图 4-39　使用力矩扳手紧固

(3)拆装润滑油滤清器

①选择合适的润滑油滤清器扳手,套上扳手,逆时针拆卸,如图 4-40 所示。拆卸润滑油滤清器,如图 4-41 所示。

图 4-40　拧松润滑油滤清器

图 4-41　拆卸润滑油滤清器

②放尽润滑油后,取新的滤清器,在密封处涂上润滑油,如图 4-42 所示。顺时针用手拧紧,再用扳手紧固 1/2 圈,如图 4-43 所示。

密封圈

图 4-42　涂润滑油到密封圈上

图 4-43　紧固润滑油滤清器

（4）清洁

用干净布擦干净滤清器周围及排放塞,确保没有残余润滑油。拉出油罐车到规定位置,清洁作业地面。确保地面干净,没有润滑油。

（5）添加润滑油

①安全降下车辆至地面。插入漏斗到加注口,按保养手册加入规定量的润滑油,如图4-44所示。紧固加注口盖,如图 4-45 所示。

图 4-44　加入润滑油

图 4-45　紧固加注口盖

★提示

注意不要滴落润滑油。滴落后,请马上用布清洁干净,以免发生意外。

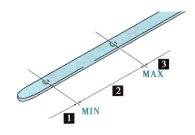

图 4-46　检查润滑油油位

②检查润滑油油位,不足时请补上,如图 4-46 所示。液位查看方法请参照项目三。

(6)检查漏油情况

确保周围安全,着车 5 min 后熄火。安全举升车辆,检查是否漏油。

● 如有漏油现象,请注意检查排放塞及滤清器是否紧固到位。清洁干净后,请再次着车,再检查是否漏油,仍有漏油现象,请排尽润滑油,检查排放塞及滤清器。如有需要及时更换。

● 如没漏油,安全降下车辆。检查油位,若油位过高,请举升车辆排放适量润滑油;油位过低时,继续添加适量润滑油。

【任务检测】

1.填空题

(1)安装润滑油滤清器时,顺时针用手拧贴合,用扳手紧固_____圈。

(2)安装新润滑油滤清器时,在_____涂上润滑油。

(3)在更换润滑油的过程中,要及时清理地上的润滑油,原因是_____。

2.判断题

(1)汽车润滑油滤清器用于去除机油中的灰尘、金属颗粒、碳沉淀物和煤烟颗粒等杂质,保护发动机。　　　　　　　　　　　　　　　　　　　　　　　　（　　）

(2)刚更换润滑油后,无须着车,润滑油油尺的显示油位也是准确的。　　（　　）

(3)润滑油滤清器分为整体式及滤纸式。　　　　　　　　　　　　　　（　　）

【任务评价】

评价表

序　号	项　目	操作内容	配分/分	评分标准	得分/分
1	操作前准备	工具、用品准备	10	工具准备齐全,无缺漏	
2	安全防护	检查车辆是否停稳;驻车制动是否可靠;个人是否穿戴好劳保用品	5	检查后,车辆制动可靠	

续表

序　号	项　目	操作内容	配分/分	评分标准	得分/分
3	润滑油滤清器分类及安装位置	整体式润滑油滤清器	5	正确识别并能找到安装位置	
4		滤纸式润滑油滤清器	5	正确识别并能找到安装位置	
5	润滑油滤清器工作原理	过滤流动途径	5	清楚过滤流动途径	
6	更换润滑油滤清器	拆卸排放塞、排放润滑油	10	规范拆卸、没有飞溅润滑油	
7		紧固排放塞	5	使用扭力扳手、规定力矩	
8		拆卸滤清器	10	规范拆卸	
9		安装滤清器	10	规范安装	
10		清洁工作	5	及时清洁工件表面	
11		添加润滑油	10	添加合适量、没有洒落	
12		检查油位	5	方法正确	
13	质检、交车	检查任务完成效果	5	检查没有遗漏	
14	工位清理	工具整理、场地打扫	10	工具归还无遗漏、场地打扫干净	
总　分			100	合　计	

项目五 | 燃油喷射系统的维护

　　电子燃油喷射控制系统的作用是以电子控制装置为控制中心,精确地控制喷油量,使发动机在各种工况下都能获得最佳浓度的混合气。它通过电脑中的控制程序,能实现起动加浓、暖机加浓、加速加浓、全负荷加浓、减速调稀、强制断油、自动怠速控制等功能,满足发动机在特殊工况下对混合气的要求,使发动机获得良好的燃料经济性并达到排放标准,也提高了汽车的使用性能。

学习目标

- 掌握火花塞的拆装及检查方法;
- 掌握进排气管的检查方法;
- 掌握尾气的检测方法;
- 掌握积炭的清洗方法。

任务一　维护火花塞

【任务描述】

火花塞的作用是把高压导线送来的脉冲高压电放电,击穿火花塞两电极间的空气,产生电火花以此引燃气缸内的混合气体。火花塞个头虽然不大,可一旦出问题就会导致发动机出现缺火、燃烧不充分、积炭等问题,所以必须经常清洗。

【相关知识】

1.火花塞的结构

火花塞的结构如图 5-1 所示。

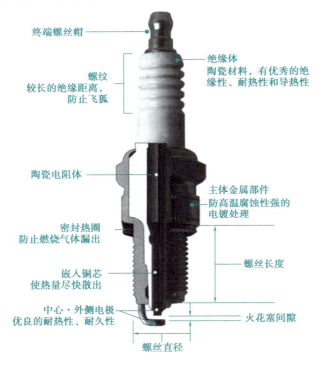

终端螺丝帽

绝缘体
陶瓷材料,有优秀的绝缘性、耐热性和导热性

螺纹
较长的绝缘距离,防止飞狐

陶瓷电阻体

主体金属部件
防高温腐蚀性强的电镀处理

密封热圈
防止燃烧气体漏出

嵌入铜芯
使热量尽快散出

螺丝长度

中心·外侧电极
优良的耐热性、耐久性

火花塞间隙

螺丝直径

图 5-1　火花塞结构图

2.火花塞的作用

火花塞的作用是将点火线圈所产生的脉冲高压电引进燃烧室,利用电极产生的电火花

点燃混合气,完成燃烧。火花塞是汽车点火系统的关键,点火系统是发动机工作的关键点,火花塞的性能优劣直接影响整车的工作性能及效率。

3.火花塞的类型

火花塞可用多种材料制作,主要有铂金、铱金及铱铂金等,如图 5-2 所示,这些材料本身都有良好的导电性。不同材料的火花塞,寿命也不同。火花塞按散热形式分为冷型火花塞和热型火花塞。火花塞的电极结构主要有单极、双极、三级和四极等。

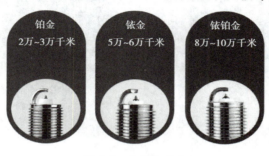

图 5-2　火花塞种类

【任务实施】

1.操作内容

教师准备好车辆和工具,学生分成小组。先认识火花塞的结构,再进行相关操作。

2.操作准备

(1)工具准备

劳保用品、车轮挡块、车内三件套、棘轮扳手、套筒。

(2)车辆准备

在发动机舱进行任何作业前都务必先按规定顺序进行以下操作:

①在一处平坦且坚实的地面上停车。

②关闭关动机,拔下点火钥匙。

③打开驻车制动器。

④将换挡杆挂入空挡或将变速杆挂入挡位 P。

⑤待发动机冷却。

⑥打开发动机舱盖。

⑦请确保汽车不会意外自行移动。

> ★提示
>
> 　注意拆装前先进行断电操作。
>
> 　部分零部件如火花塞、点火线圈等温度较高,谨防烫伤。

3.操作步骤

（1）安全、防护工作

车辆停放平地，安放车轮挡块，如图5-3所示。打开前舱，安装车外三件套，如图5-4所示。

图 5-3　车辆安放　　　　　　　　　　　　图 5-4　车外三件套

（2）拆卸火花塞

①断开蓄电池电极，如图5-5所示。

②拔出插线头，如图5-6所示。拨插头时操作力度要适中，避免损坏插头；注意插头卡扣类型，注意规范操作，以免损坏插口；卡扣损坏后，请及时更换插头。

图 5-5　断开蓄电池电极　　　　　　　　　图 5-6　拔出插线头

③使用小号棘轮扳手加套筒拆卸点火线圈总成固定螺母，拔下点火线圈插头，如图5-7所示。

④拔出点火线圈总成，如图5-8所示，并妥善摆放好。注意用力不用过大，防止手背与发动机舱盖碰撞；注意保护点火线圈总成，勿弯曲；拆卸后，妥善保管，避免潮湿、避免污染。

图 5-7　拆卸点火线圈总成固定螺母　　　　图 5-8　拔出点火线圈总成

⑤选择棘轮扳手和 14 mm 长套筒拆卸火花塞,如图 5-9 所示。拆装时仔细操作,避免火花塞套筒撞击气缸盖。

⑥用磁力棒吸出火花塞,如图 5-10 所示。注意火花塞的温度,避免烫伤;取出火花塞后,避免掉落,损坏火花塞。

图 5-9　长套筒拆卸火花塞　　　　图 5-10　磁力棒吸出火花塞

(3)检查火花塞

①检查火花塞电极边缘是否完全磨损掉或者变圆,如图 5-11 所示。

②检查绝缘体是否有裂纹、端子有无腐蚀、端子有无磨损或松动、金属体有无断裂或锈蚀、密封圈有无老化和损坏、螺纹有无滑牙或损伤等,如图 5-12 所示。

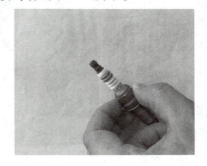

图 5-11　检查火花塞 1　　　　图 5-12　检查火花塞 2

③检查积炭情况,如图 5-13 所示。

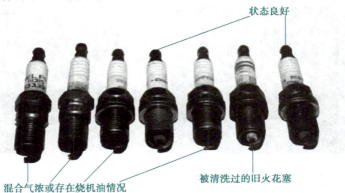

图 5-13　火花塞积炭检查

（4）清洗火花塞

①火花塞标记顺序，如图 5-14 所示。

②汽油或煤油浸泡火花塞，如图 5-15 所示。

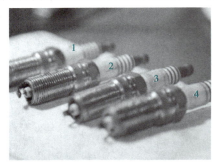

图 5-14　标记顺序

图 5-15　浸泡火花塞

图 5-16　塞尺测量火花塞间隙

③待积炭软化后，用金属刷刷干净积炭，风枪吹干。

（5）测量火花塞

使用塞尺测量火花塞间隙，如图 5-16 所示。

用火花塞间隙规测量火花塞电极与侧电极的间隙。若不符合要求，可直接调整。

火花塞允许的最大电极间隙为 1.3 mm，若超过最大值则需要更换。新的火花塞间隙应为 1.0 ~ 1.1 mm。

（6）安装火花塞及组件

①用预置式力矩扳手、长接杆和 14 mm 套筒安装火花塞，如图 5-17 所示。掌握操作力度，避免损坏点火装置；参考车型对应维修手册，查阅其紧固力矩。

②用预置式力矩扳手和 10 mm 套筒安装点火组件，如图 5-18 所示。掌握操作力度，避免损坏点火装置；参考车型对应维修手册，查阅其紧固力矩。

图 5-17　安装火花塞

图 5-18　安装点火组件

③连接插接口。

④连接蓄电池。

⑤打开点火开关,检验是否可以着车。如正常开启,无异常,则安装正常;如点火失败,甚至出现故障灯,请重新检查并安装。

【任务检测】

1.填空题

(1)火花塞的材料主要有_____、_____及_____等,这些材料本身都有良好的导电性。

(2)火花塞的作用是_____,利用电极产生的电火花点燃混合气,完成燃烧。

(3)新的火花塞间隙应为_____ ~ _____ mm。火花塞允许的最大电极间隙为_____ mm,若超过最大值则需要更换。

2.判断题

(1)进行火花塞拆装,不需要断电操作。　　　　　　　　　　　　　　　　(　　　)

(2)火花塞的绝缘体为陶瓷体,需要检查其是否有裂痕。　　　　　　　　　(　　　)

(3)火花塞间隙测量使用的量具为塞尺。　　　　　　　　　　　　　　　　(　　　)

(4)清洗火花塞时,使用金属刷清洗。　　　　　　　　　　　　　　　　　(　　　)

(5)铱铂金火花塞的寿命为 8 万~10 万千米。　　　　　　　　　　　　　(　　　)

【任务评价】

评价表

序　号	项　　目	操作内容	配分/分	评分标准	得分/分
1	操作前准备	工具、用品准备	10	工具准备齐全,无缺漏	
2	安全防护	检查车辆是否停稳,驻车制动是否可靠,个人是否穿戴好劳保用品	10	检查后,车辆制动可靠	
3	拆卸火花塞	拆卸高压线及点火线圈总成	5	规范拆卸高压线及点火线圈总成	
4		用棘轮扳手旋松火花塞	5	规范使用棘轮扳手,正确旋松火花塞	
5		用磁力棒吸出火花塞	5	规范取出火花塞	

续表

序　号	项　目	操作内容	配分/分	评分标准	得分/分
6	检查火花塞	检查火花塞是否损坏	20	规范全面检查火花塞电极、积炭、绝缘体、金属部件、密封热圈、螺纹等方面的情况	
7		测量火花塞间隙	15	规范使用塞尺测量火花塞间隙规	
8	安装火花塞	安装火花塞	5	规范安装火花塞，紧固力矩正确	
9		安装点火线圈总成	5	规范安装点火线圈总成	
10	质检、交车	检查任务完成效果	10	检查没有遗漏	
11	工位清理	工具整理、场地打扫	10	工具归还无遗漏、场地打扫干净	
总　分			100	合　计	

/任务二/　维护进排气管

【任务描述】

在汽车燃油喷射系统中,进排气管负责发动机燃烧气体的进排。进排气管出现问题,将影响发动机的工作效率,所以必须经常检查,发现问题及时解决。

【相关知识】

1.进气系统的位置及组成

进气系统位于汽车前舱,如图 5-19 所示。它主要包括进气歧管(含滤网)、空气滤清器、谐振室、空气流量计、节气门组件、进气歧管等,如图 5-20 所示。含涡轮增压的汽车还包括涡轮增压器、涡轮气体冷却器、涡轮冷却系统、涡轮润滑系统、压力调节器等。

图 5-19　进气系统的位置

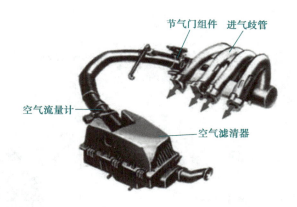

图 5-20　进气系统的结构组成

2.排气系统的位置及组成

排气系统位于汽车底部,如图 5-21 所示。它主要包括排气歧管、三元催化器、消音器、排气管、氧传感器、排气管连接处、排气管挂钩等,如图 5-22 所示。部分车型有暖气系统。使用尿素处理尾气的汽车还有尿素罐、控制器、尿素喷射系统等部件。

图 5-21　排气系统的位置

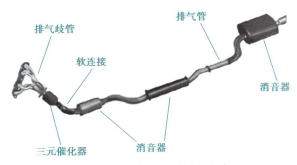

图 5-22　排气系统的结构组成

【任务实施】

1.操作内容

教师准备好车辆和工具,学生分成小组。先了解进气系统及排气系统的位置及组成,再进行检查维护。

2.操作准备

(1)工具准备

劳保用品、车轮挡块、手电筒等。

(2)车辆准备

准备内容与项目五任务一的内容一致。

图 5-23　车辆安放

3.操作步骤

(1)安全、防护工作

车辆停放平地,安放车轮挡块,如图 5-23 所示。

(2)检查进气系统

①检查空气滤清器外观是否正常,是否有穿洞、裂痕,各结合面是否贴合,如图 5-24 所示。

②检查节气门体外观是否正常,是否有穿洞、裂痕,各结合面是否贴合,如图 5-25 所示。

图 5-24　检查空气滤清器

图 5-25　检查节气门体

③检查螺栓、卡扣等是否丢失或损坏,如图 5-26、图 5-27 所示。

图 5-26 检查卡扣

图 5-27 检查节气门连接件

④空气滤清器的更换见项目五。

(3)检查排气系统

①使用举升机举升车辆,检查三元催化器是否有损坏、裂痕及变形,如图 5-28 所示。

②检查消声器 1 段(见图 5-29)、2 段(见图 5-30)是否有损坏、裂痕及变形。

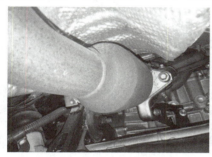

图 5-28 检查三元催化器

图 5-29 检查消声器 1 段

③检查各连接处是否紧固贴合,垫片是否损坏,螺栓螺母是否缺失或生锈过度,如图 5-31所示。

图 5-30 检查消声器 2 段

图 5-31 检查连接器螺栓

④检查排气管(见图 5-32)是否有裂痕、变形。

⑤检查排气管挂钩(见图 5-33)是否脱钩,橡胶件是否老化、硬化过度。

图 5-32　检查排气管

图 5-33　检查排气管挂钩

【任务检测】

1.填空题

（1）排气系统主要包括_____、_____、_____、_____、_____、_____及_____等。

（2）三元催化器、消声器等外观是否有_____、_____及_____等。

（3）进气系统位于_____,排气系统位于_____。

2.判断题

（1）三元催化器将汽车尾气排出的 CO,HC 和 NO_x 等有害气体通过氧化和还原作用转变为无害的二氧化碳、水和氮气。　　　　　　　　　　　　　　　　（　　）

（2）进气系统主要包括进气管口、空气滤清器、谐振室、空气流量计、节气门组件、进气歧管等。　　　　　　　　　　　　　　　　　　　　　　　　　　　　（　　）

（3）检查排气系统时,应注意刚熄火的汽车温度较高,以防烫伤。　　　　　（　　）

【任务评价】

评价表

序　号	项　目	操作内容	配分/分	评分标准	得分/分
1	操作前准备	工具、用品准备	10	工具准备齐全,无缺漏	
2	安全防护	检查车辆是否停稳;驻车制动是否可靠;个人是否穿戴好劳保用品	10	检查后,车辆制动可靠	

续表

序号	项目	操作内容	配分/分	评分标准	得分/分
3		检查进气系统的位置	5	能准确找到进气系统的位置	
4		检查排气系统的位置	5	能准确找到排气系统的位置	
5		说出进气系统的组成	5	能准确说出进气系统的组成部件	
6	进排系统的位置及组成	说出排气系统的组成	5	能准确说出排气系统的组成部件	
7		说出涡轮增压汽车的组成	5	能准确说出涡轮增压汽车的组成	
8		说出尿素处理尾气汽车的组成	5	能准确说出尿素处理尾气汽车的组成	
9	进排系统的检查维护	进气系统的检查维护	15	能规范检查:进气系统外观的完整性、各结合面的贴合性、紧固螺栓及卡扣的紧固情况	
10		排气系统的检查维护	15	能规范检查:三元催化器及消声器的完整性、各结合面的贴合性、橡胶件的老化情况	
11	质检、交车	检查任务完成效果	10	检查没有遗漏	
12	工位清理	工具整理、场地打扫	10	工具归还无遗漏、场地打扫干净	
	总　分		100	合　计	

/任务三/　检测汽车尾气

【任务描述】

　　汽车尾气是汽车使用时产生的废气。

　　尾气直接危害人体健康,同时还会对周围的环境产生深远影响。各国都对汽车的尾气排放有严格的标准。有必要定期对车辆的尾气进行检测。

【相关知识】

1.尾气的组成

随着汽车数量的急剧增加,城市内的交通拥堵成了家常便饭,汽车本应具备的便捷、舒适、高效等优势被大大削弱,汽车尾气带来的危害更是日益突显。

科学分析表明,汽车尾气中含有上百种不同的化合物,其中主要的污染物有固体悬浮微粒、一氧化碳、二氧化碳、碳氢化合物、氮氧化合物、铅及硫氧化合物等。一辆轿车一年排出的有害废气比自身质量大3倍。

(1)固体悬浮颗粒

固体悬浮颗粒具有较强的吸附能力,可以吸附各种金属粉尘、强致癌物苯并芘和病原微生物等。固体悬浮颗粒随呼吸进入人体肺部,以碰撞、扩散、沉积等方式滞留在呼吸道的不同部位,会引起呼吸系统疾病。当悬浮颗粒积累到临界浓度时,可能会激发形成恶性肿瘤。此外,悬浮颗粒物还能直接接触皮肤和眼睛,阻塞皮肤的毛囊和汗腺,引起皮肤炎和眼结膜炎,甚至还可能造成角膜损伤。

(2)一氧化碳

一氧化碳与血液中的血红蛋白结合的速度比氧气快250倍。一氧化碳经呼吸道进入血液循环,与血红蛋白结合后生成碳氧血红蛋白,削弱血液向各组织输送氧的功能,从而危害中枢神经系统,造成人的感觉、反应、理解、记忆力等机能障碍,重者危害血液循环系统,导致生命危险。即使微量吸入一氧化碳,也可能给人造成可怕的缺氧性伤害。

(3)二氧化碳

近100年来,温室效应已成为人类的一大祸患。冰川融化、海平面上升、厄尔尼诺现象、拉尼娜现象等都对人类的生存带来了极为严峻的挑战。而二氧化碳则是导致温室效应的罪魁祸首。

(4)二氧化硫

尾气中的二氧化硫具有强烈的刺激气味,达到一定浓度时容易导致"酸雨"的发生,造成土壤和水源酸化,影响农作物和森林的生长。

(5)碳氢化合物

目前还不清楚碳氢化合物对人体健康的直接危害。但氮氧化物和碳氢化合物在太阳紫外线的作用下,会产生一种具有刺激性的浅蓝色烟雾,其中包含臭氧、醛类、硝酸酯类等多种复杂化合物。这种光化学烟雾对人体最突出的危害是刺激眼睛和上呼吸道黏膜,引起眼睛红肿和喉炎。

(6)铅

铅是有毒的重金属元素。汽车用油大多数掺有防爆剂四乙基铅或甲基铅,燃烧后生成的铅及其化合物均为有毒物质。城市大气中的铅60%以上来自含铅汽油的燃烧。人体中铅含量超标可引发心血管系统疾病,并影响肝、肾等重要器官的功能及神经系统。铅尘比重大,通常积聚在1 m左右高度的空气中,对儿童的威胁最大。

2.博世 BEA060 尾气分析仪的结构

博世 BEA060 尾气分析仪由主机、废气取样探测杆和电脑 3 个部分组成,如图 5-34 所示。

图 5-34　博世 BEA060 尾气分析仪

【任务实施】

1.操作内容

教师准备好车辆和工具,学生分成小组。遵守尾气分析仪操作要求,根据尾气分析仪检测操作流程进行练习。

2.操作准备

(1)工具准备

劳保用品、车轮挡块、车内三件套、尾气分析仪。

(2)车辆准备

准备内容与项目五任务一的内容一致。

3.操作步骤

(1)安全、防护工作

车辆停放平地,安放车轮挡块,如图 5-35 所示。打开车门,安装车内三件套,如图 5-36 所示。

图 5-35　车辆安放

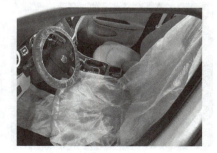

图 5-36　车内三件套

（2）车辆操作

操纵杆置于 P 挡，拉起驻车制动杆，如图 5-37 所示。启动发动机，保持怠速状态，如图 5-38 所示。

图 5-37　驻车制动杆拉起

图 5-38　仪表盘怠速显示

（3）尾气分析仪操作

①连接 BEA600 尾气分析仪电源线至外部电源，如图 5-39 所示。按下尾气分析仪面板上的电源开关键，启动设备硬件，如图 5-40 所示。

图 5-39　尾气分析仪背面

图 5-40　尾气分析仪电源开关键

②观察设备电源指示灯，若状态为橙色和绿色之间 1 s 交替闪烁，则为正常，如图 5-41 所示。

• 若电源指示灯不点亮，则说明供电有问题。

• 如果指示灯闪烁状态异常，则为设备硬件发生了故障。

③单击电脑桌面上的 BEA 图表，启动尾气排放分析仪测试软件，如图 5-42 所示。

图 5-41　电源指示灯

图 5-42　BEA 打开测试软件

④选择进入诊断测试界面,如图 5-43 所示。在测试程序的启动初始界面,单击功能键"F5"(诊断测试),测试程序进入诊断测试界面。

选择发动机和尾气数据采集测试项,如图 5-44 所示。在诊断测试界面中,单击"F12",此时测试程序默认为发动机和尾气数据采集测试项。

图 5-43　进入测试界面

图 5-44　发动机和尾气数据采集测试项

⑤进入校准和测试阶段,如图 5-45 所示。测试程序进入"零点校准"及"HC 残留测试"阶段,待设备完成自检测过程,电脑屏幕上会出现测试参数数值(如氧气值的显示)。

⑥尾气检测,如图 5-46 所示。车辆暖机后,保持怠速运转,将尾气分析仪的取样探测杆插入车辆的排气管中(深度不少于 400 mm),进行尾气检测。

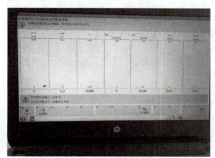

图 5-45　自检测过程

图 5-46　探测杆夹接

⑦记录检测数值,如图 5-47 所示。按下尾气分析仪的测量键,当电脑屏幕上的 CO_2 数值大于6%后,开始记录 CO,HC,CO_2,O_2,λ 数值(分别记录它们的最高值和最低值,并取平均值)。

⑧将检测数据填入表 5-1,并判断是否合格。若 CO 检测值 $\leq 0.5\%$,则 CO 含量合格,否则不合格;HC 检测值 $\leq 100 \times 10^{-6}$,则 HC 含量合格,否则不合格。

图 5-47　检测数值

表 5-1 尾气排放测量(怠速)记录表

项 目		CO/%	HC(10⁻⁶)
测量值	最高		
	最低		
	平均		
判定结果		□合格 □不合格	□合格 □不合格
		总评:□合格 □不合格	

⑨检测完毕后退出测试程序,如图 5-48 所示。单击软件"Esc"键(退出)及"F4"键(确认),退出测试程序。

⑩取出取样探测杆,并放回原位,如图 5-49 所示。将取样探测杆从汽车排气管中取出,并回收至尾气分析仪弓形支架上。取样管中有多个精密传感器,要轻拿轻放,以免损坏传感器。

图 5-48 退出测试程序

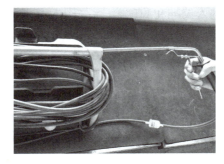

图 5-49 探测杆归位

⑪关闭 BEA600 尾气分析仪,如图 5-50 所示。待 BEA600 尾气分析仪的抽气泵停止工作后,按住电源开关键 3 s,即可关闭尾气分析仪的电源,电源指示灯熄灭。

图 5-50 关闭尾气分析仪

【任务检测】

1.填空题

(1)汽车尾气中的主要有害物质有_____、_____、_____及_____。

(2)氮氧化物主要是指_____、_____,它们都是对人体有害的气体,特别是对呼吸系统有危害。

(3)博世 BEA060 尾气分析仪由_____、_____和_____ 3 个部分组成。

2.判断题

（1）在二氧化氮浓度为 9.4 mg/m^3 的空气中暴露 10 min，即可造成人的呼吸系统功能失调。   （   ）

（2）人体中铅含量超标可引发心血管系统疾病，并影响肝、肾等重要器官的功能及神经系统。   （   ）

（3）在尾气检查值中，CO 检测值≤2%，则 CO 含量合格。   （   ）

【任务评价】

评价表

序　号	项　目	操作内容	配分/分	评分标准	得分/分
1	操作前准备	工具、用品准备	10	工具准备齐全，无缺漏	
2	安全防护	检查车辆是否停稳；驻车制动是否可靠；个人是否穿戴好劳保用品	10	检查后，车辆制动可靠	
3	尾气分析仪的操作及数据判断	启动发动机，保持怠速状态	5	正确启动车辆，保持怠速	
4		连接电源线，启动设备	5	正确启动设备	
5		观察设备电源指示灯状态	10	能够判断是供电有问题或者是设备硬件发生故障	
6		启动排放分析仪测试软件，进入诊断测试界面	10	正确操作测试软件	
7		进入"零点校准"及"HC 残余测试"	10	熟悉掌握自检测过程	
8		暖机，插入取样探测杆，测量、记录测量数据	10	能够准确操作探测杆和读取数据	
9		判断测量值是否超标	10	熟悉标准值，准确判断测试结果是否达标	
10	质检、交车	检查任务完成效果	10	检查没有遗漏	
11	工位清理	工具整理、场地打扫	10	工具归还无遗漏、场地打扫干净	
总　分			100	合　计	

/任务四/ 清洗进气系统的积炭

【任务描述】

发动机的各个活塞的工作并不是同步的,当熄灭发动机时,有些汽缸的进气门不能完全关闭,一些未燃烧的燃油不断蒸发氧化,会在进气管中尤其是节气门后方产生一些较软的黑色积炭。积炭会使进气管的管壁变粗糙,影响进气效果及混合气的质量。同时,会造成怠速低、怠速发抖、各种附属装置的提速均失灵、收油灭车、尾气超标、费油等现象。积炭对汽车的影响如图 5-51 所示。所以我们必须定期检查进气系统,发现积炭及时清洗。

图 5-51　积炭对车辆的影响

【相关知识】

1.节气门体的位置

节气门体位于进气管与进气歧管之间,如图 5-52 所示。

图 5-52 节气门体的位置

2.积炭的形成

受电喷发动机控制特点的决定,汽缸每次工作的时候都是先喷油再点火,当熄灭发动机的一瞬间点火被马上切断,但是每次工作循环所喷出的汽油却无法被回收,只能贴附在进气门和燃烧室壁上,汽油很容易挥发,但汽油中的蜡和胶质物却留了下来。长此以往,汽油中的蜡和胶质物越积越厚,反复受热后变硬就形成了积炭。

【任务实施】

1.操作内容

教师准备好车辆和工具,学生分成小组。遵守拆卸节气门体的操作要求,进行相应操作。

2.操作准备

(1)工具准备

劳保用品、车轮挡块、车内三件套、积炭清洗剂、十字刀、布。

(2)车辆准备

准备内容与项目五任务一的内容一致。

> ★提示
>
> 部分零部件如节气门、进气歧管等温度较高,注意保护以免烫伤。使用积炭清洗剂时,注意喷射方向,以免飞溅到眼睛。喷到眼睛后,马上用清水清洗,情况严重的,请马上就医。

3.操作步骤

(1)安全、防护工作

车辆停放平地,安放车轮挡块,如图 5-53 所示。打开前舱,安装车外三件套,如图 5-54所示。

图 5-53　车辆安放

图 5-54　车外三件套

（2）拆卸节气门体

①拔出节气门插接线，如图 5-55 所示。

②找出节气门，拆卸紧固螺栓，如图 5-56 所示。拔出进气管，如图 5-57 所示。

图 5-55　拔出节气门插接线

图 5-56　拆卸紧固螺栓

③拔出软管，露出节气门，如图 5-58 所示。

图 5-57　拔出进气管

图 5-58　节气门

④拆卸节气门紧固螺栓，如图 5-59 所示。取出节气门，如图 5-60 所示。

图 5-59　拆卸节气门紧固螺栓

图 5-60　取出节气门

⑤露出进气道口,如图 5-61 所示。用布盖住气道,以防进尘,如图 5-62 所示。

图 5-61　进气道口

图 5-62　盖住气道

(3)清洗节气门

①使用积炭清洗剂清洗节气门,如图 5-63 所示。清洗节气门背部,如图 5-64 所示。

图 5-63　清洗节气门

图 5-64　节气门背部

②清洗后,效果对比,如图 5-65 所示。

③清洗剂喷在抹布上,清洗节气道,如图 5-66 所示。在清洗过程中,可用软毛刷清洗,切勿过度翻动节气门板,不能直接喷在进气道内,以防清洗剂进入发动机燃烧。

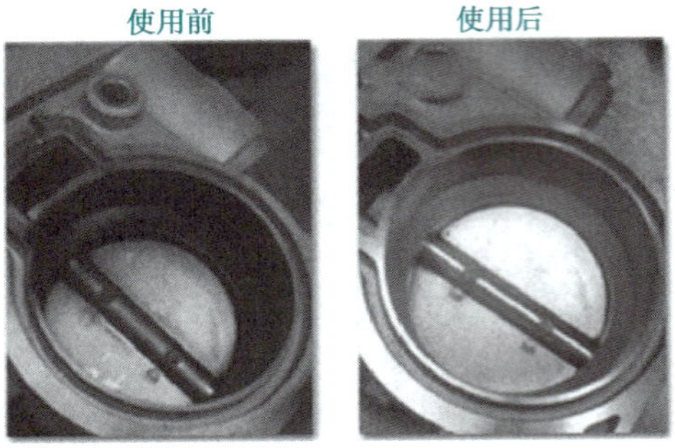

使用前 使用后

图 5-65　效果对比

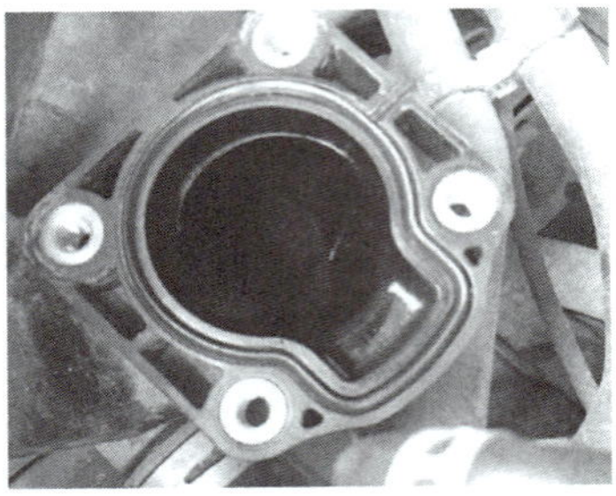

图 5-66　节气门道

（4）安装节气门

①安装节气门，如图 5-67 所示。安装软管，如图 5-68 所示。

图 5-67　安装节气门

图 5-68　安装软管

②安装插接线，如图 5-69 所示。安装进气软管，如图 5-70 所示。

图 5-69　节气门体插接线

图 5-70　安装进气软管

③着车，检查汽车是否正常启动。

【任务检测】

1.填空题

（1）积炭导致汽车_____、_____、_____、_____、_____、_____等现象。

（2）拆卸节气门后，用布盖住进气道的原因是_____。

（3）积炭颜色为_____，成分有_____。

2.判断题

（1）节气门体位于进气管与进气歧管之间。 （　　）

（2）积炭的产生是不可避免的。 （　　）

（3）清洗剂喷射到眼睛时，马上用清水清洗。 （　　）

【任务评价】

评价表

序 号	项 目	操作内容	配分/分	评分标准	得分/分
1	操作前准备	工具、用品准备	10	工具准备齐全，无缺漏	
2	安全防护	检查车辆是否停稳；驻车制动是否可靠；个人是否穿戴好劳保	10	检查后，车辆制动可靠	
3	节气门的检查	掌握节气门的位置	10	准确找到节气门的位置	
4		掌握积炭的形成原因	5	熟悉积炭的形成原因	
5		掌握积炭的危害	5	能列举积炭对车辆的危害	
6		拆卸节气门	15	准确选择工具，拆卸顺序正确，拆卸插线座力度适宜	
7		清洁节气门	10	规范清洁，清洁干净	
8		安装节气门	15	准确选择工具，安装顺序正确，安装插线座力度适宜	
9	质检、交车	检查任务完成效果	10	检查没有遗漏	
10	工位清理	工具整理、场地打扫	10	工具归还无遗漏、场地打扫干净	
总 分			100	合 计	

项目六 | 汽车电气的维护

随着汽车技术的发展，汽车已经不再是单纯的运输工具，它正向着高速、安全、经济、舒适、环保以及智能化、人性化方向发展。汽车电气设备是汽车的重要组成部分，其性能的好坏直接影响汽车的动力性、经济性、可靠性、舒适性及环保性。

学习目标

- 掌握蓄电池的检查与维护工作；
- 认识仪表盘、指示灯及车辆灯光的检查；
- 安全规范地检查及清洗空调系统；
- 熟悉辅助电气设备的检查与维护。

/任务一/ 维护蓄电池

【任务描述】

　　放电后,能够用充电的方式使内部活性物质再生——把电能储存为化学能,需要放电时再次把化学能转换为电能的装置称为蓄电池。本任务将从蓄电池的结构、种类及检测方法进行介绍。

【相关知识】

1.蓄电池的结构组成

蓄电池的结构组成如图 6-1 所示。

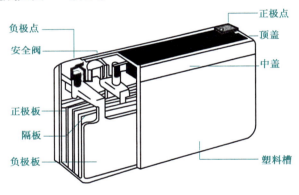

图 6-1　蓄电池的结构组成

2.常用车用蓄电池的种类及特点

　　常用车用蓄电池主要分为普通蓄电池、干荷蓄电池和免维护蓄电池 3 类。

　　● 普通蓄电池:它的极板是由铅和铅的氧化物构成,电解液是硫酸的水溶液。它的主要优点是电压稳定、价格便宜;缺点是比能低(即每千克蓄电池存储的电能)、使用寿命短和日常维护频繁。

　　● 干荷蓄电池:它的全称是干式荷电铅酸蓄电池。它的主要特点是负极板有较高的储电能力,在完全干燥状态下,能在两年内保存所得到的电量;使用时,只需加入电解液,等 20~30 min 后就可使用。

　　● 免维护蓄电池:由于自身结构上的优势,电解液的消耗量非常小,在使用寿命内基本不需要补充蒸馏水。它还具有耐震、耐高温、体积小、自放电小的特点。其使用寿命一般为普通蓄电池的两倍。市场上的免维护蓄电池也有两种：一种是在购买时一次性加电解液，使用中不需要维护（添加补充液）；另一种是电池出厂时就已经加好电解液并封死，用户根本就不能加补充液。

【任务实施】

1.操作内容

教师准备好车辆和工具，学生分成小组。先认识蓄电池的部件，再进行相关操作。

2.操作准备

（1）工具准备

劳保用品、车轮挡块、车外三件套、相对密度计。

（2）车辆准备

在发动机舱进行任何作业前都务必先按规定顺序进行以下操作：

①在一处平坦且坚实的地面上停车。

②关闭关动机，拔下点火钥匙。

③打开驻车制动器。

④将换挡杆挂入空挡或将变速杆挂入挡位 P。

⑤待发动机冷却。

⑥打开发动机舱盖。

⑦请确保汽车不会意外自行移动。

> ★提示
>
> 　　注意不能短接电池正负极，拆卸后要及时包裹好。
>
> 　　蓄电池电解液有一定的腐蚀性，注意操作安装及环境卫生。

3.操作步骤

（1）安全、防护工作

车辆停放平地，安放车轮挡块，如图 6-2 所示。打开前舱，安装车外三件套，如图 6-3 所示。

（2）检查蓄电池

①外观检查，如图 6-4 所示。检查蓄电池壳体是否有裂纹或渗漏；检查蓄电池端子是否腐蚀；检查蓄电池端子连接导线有无松动脱落。

②电解液液位检查，如图 6-5 所示。电解液液位应位于上下刻度线之间，即 Upper 与 Lower 之间。若电解液低于 Lower，则需添加。可使用配好的电解液加注至上下刻度线之间即可。电解液有一定的腐蚀性，请勿与车辆及人体皮肤接触，避免烧伤。

图6-2　车辆安放

图6-3　车外三件套

图6-4　蓄电池

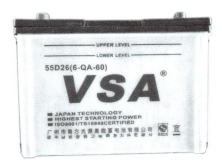

图6-5　电解液液位线

③检查通风孔塞，如图6-6所示。将通风孔塞旋出，检查通风孔塞是否完好，有无破损；检查通风孔有无堵塞。

④检查电解液相对密度，如图6-7所示。用相对密度计自带的吸管，吸一滴电解液，滴在测量镜上，放下透明挡片，进行读数。

图6-6　检查蓄电池通风孔塞

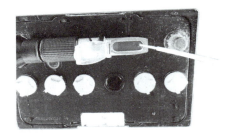

图6-7　检查电解液的相对密度

⑤正确滴放电解液，如图6-8所示。在使用密度计前，应先用蒸馏水清洁测量镜表面，再用抹布清洁。电解液应滴在测量镜的中间位置，以免电解液漏出。

⑥正确读取数据，如图6-9所示。电解液相对密度计的视窗显示有3列数据，从左向右分别为电解液相对密度、冷却液冰点、喷洗液冰点。相对密度计的读取方法为：读取颜色分界线在刻度线上所指示的数值。如图6-9所示，其读数为1.18。所有单元的相对密度应为1.25～1.28。

图 6-8 电解液滴放位置   图 6-9 电解液相对密度计的视窗

【任务检测】

1.填空题

（1）常用的车用蓄电池主要分为普通蓄电池、_____和_____ 3 类。

（2）免维护蓄电池具有_____、_____、_____和_____的特点。

（3）普通蓄电池的极板是由_____和_____构成的,电解液是_____。

2.判断题

（1）蓄电池即是储存化学能量,于必要时放出电能的一种电气化学设备。   （   ）

（2）电解液没有腐蚀性,无毒无危害。   （   ）

（3）干荷蓄电池的全称是干式荷电铅酸蓄电池。   （   ）

【任务评价】

评价表

序　号	项　目	操作内容	配分/分	评分标准	得分/分
1	操作前准备	工具、用品准备	10	工具准备齐全,无缺漏	
2	安全防护	检查车辆是否停稳;驻车制动是否可靠;个人是否穿戴好劳保用品	10	检查后,车辆制动可靠	
3	蓄电池的检查	外观检查	10	准确检查外观、端子及导线连接情况	
4		检查电解液液位	10	准确检查液位,规范补给	

续表

序 号	项 目	操作内容	配分/分	评分标准	得分/分
5	蓄电池的检查	检查通风孔塞	10	准确检查通风孔塞外观及堵塞情况	
6		使用相对密度计	20	规范使用密度计	
7		读出电解液相对密度	10	准确读出数据	
8	质检、交车	检查任务完成效果	10	检查没有遗漏	
9	工位清理	工具整理、场地打扫	10	工具归还无遗漏、场地打扫干净	
总 分			100	合 计	

/任务二/ 识别仪表盘及指示灯

【任务描述】

汽车仪表盘是反映车辆各系统工作状况的装置。不同汽车的仪表也不尽相同，但是汽车的常规仪表有车速里程表、转速表、机油压力表、水温表、燃油表、充电表等。

现代汽车仪表盘上有各式各样的指示灯或警报灯，如安全带指示灯、冷却液液面警报灯、燃油量指示灯、清洗器液面指示灯、充放电指示灯、变速器挡位指示灯、制动防抱死系统（ABS）指示灯、安全气囊（SRS）警报灯、远近光变光指示灯、前后雾灯指示灯及故障码指示灯等，如图6-10所示。

图6-10　仪表盘

要安全驾驶汽车必须能正确识别仪表盘及指示灯。

【相关知识】

汽车仪表盘上常见的仪表如下：

1.车速里程表

车速里程表实际上是由两个表组成的，即车速表和里程表，如图6-11所示。

传统的车速表是机械式的。随着电子技术的发展，现在很多轿车仪表已经使用了电子式车速表。常见的电子式车速表是从变速器上的速度传感器获取信号，通过脉冲频率的变化使指针偏转或者显示数字。

里程表是一种数字式仪表，与车速表一样。目前里程表也有电子式里程表，它从速度传感器获取里程信号。电子式里程表累积的里程数字存储在非易失性存储器内，在无电状态下数据也能保存。

2.转速表

现在轿车一般都使用电子式转速表，它有指针式和液晶数字显示式两种。表内有数字集成电路，它将点火线圈输送过来的电压脉冲经过计算后驱动指针移动或数字显示，如图6-12所示。

图6-11　车速里程表　　　　　　　　图6-12　转速表

另外，还有一种转速表是从发电机取出脉冲信号送到转速表电路解释后显示转速值，不过因受发电机皮带打滑等因素影响，数值不太精确。

3.机油压力表

机油压力表（Oil Pressure Gauge），常称为机油表，它指示发动机运转时润滑系统主油道润滑油压力，如图6-13所示。至于油底壳中的机油量，需要通过引擎旁的机油尺测量。现今多数汽车以警告灯代替机油压力表。

4.水温表

为确保发动机工作在正常的温度范围，汽车都会配备发动机冷却液温度传感器。通常在汽车仪表盘上（水温表）单独显示，如果防冻液温度过高则会出现报警。一般来说，发动机水温表采用了实体或虚拟表盘指针显示，而少数车辆没有仪表盘，仅在温度过高时出现警告标志,如图 6-14 所示。

图 6-13　机油压力表

图 6-14　水温表

5.燃油表

燃油表用以指示汽车燃油箱内的存油量,它可以是指针式的,也可以是数字显示式的。燃油表由带稳压器的燃油面指示表和油面高度传感器组成,如图 6-15所示。

图 6-15　燃油表

【任务实施】

1.操作内容

教师准备好车辆和工具,学生分成小组。先了解仪表盘的相关指示灯,再进行相应操作。

2.操作准备

(1)工具准备

劳保用品、车轮挡块、车内三件套等。

(2)车辆准备

准备内容与项目六任务一的内容一致。

3.操作步骤

(1)安全、防护工作

车辆停放平地,安放车轮挡块,如图 6-16 所示。打开车门,安装车内三件套,如图 6-17所示。

(2)安全带警告指示灯

座椅安全带没有系紧时被点亮,如图 6-18 所示。

图 6-16　车辆安放

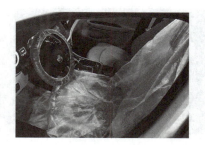

图 6-17　车内三件套

（3）冷却液液面警报灯

冷却液温度过高时被点亮，如图 6-19 所示。

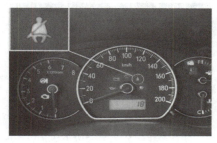

图 6-18　安全带警告指示灯

图 6-19　冷却液液面警报灯

（4）燃油量指示灯

油量低于最低位时报警灯点亮，如图 6-20 所示。

（5）清洗器液面指示灯

储液罐中的水位过低时报警灯点亮，如图 6-21 所示。

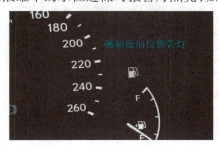

图 6-20　燃油量指示灯

图 6-21　清洗器液面指示灯

（6）充放电警告指示灯

充电系统存在故障时点亮，如图 6-22 所示。

（7）变速器挡位指示灯

挂挡后显示所挂挡位，如图 6-23 所示。

（8）制动防抱死系统（ABS）指示灯

ABS 出现问题时故障灯点亮，如图 6-24 所示。

图 6-22　充放电警告指示灯

图 6-23　变速器挡位指示灯

（9）安全气囊（SRS）警报灯

SRS 空气囊系统存在故障时点亮，如图 6-25 所示。

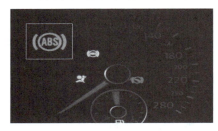

图 6-24　制动防抱死系统（ABS）指示灯

图 6-25　安全气囊（SRS）警报灯

（10）远近光变光指示灯、前后雾灯指示灯

打开灯光指示开关，各灯光指示灯应点亮，个别灯闪烁，如图 6-26 所示。

（11）故障码指示灯

发动机控制系统或变速器控制系统存在故障时点亮，如图 6-27 所示。

图 6-26　远近光变光指示灯、前后雾灯指示灯

图 6-27　故障码指示灯

【任务检测】

1.填空题

（1）汽车仪表盘包含的信号灯有_____、_____、_____、_____、_____、_____、_____、_____、_____和_____等。

（2）车速里程表实际上是由两个表组成的，即_____和_____。

（3）现在轿车一般都使用电子式转速表，它有_____和_____两种。

2.判断题

（1）ABS 为制动防抱死系统。　　　　　　　　　　　　　　　　（　　）

（2）SRS 为空气囊系统。　　　　　　　　　　　　　　　　　　（　　）

（3）冷却液液面警报灯亮起即为水温正常。　　　　　　　　　　（　　）

【任务评价】

评价表

序　号	项　目	操作内容	配分/分	评分标准	得分/分
1	操作前准备	工具、用品准备	10	工具准备齐全,无缺漏	
2	安全防护	检查车辆是否停稳;驻车制动是否可靠;个人是否穿戴好劳保用品	10	检查后,车辆制动可靠	
3	检查仪表盘指示灯	认识安全带警告指示灯	5	准确认出指示灯	
4		认识冷却液液面警报灯	5	准确认出指示灯	
5		认识燃油量指示灯	5	准确认出指示灯	
6		认识清洗器液面指示灯	5	准确认出指示灯	
7		认识充放电警告指示灯	5	准确认出指示灯	
8		认识变速器挡位指示灯	10	准确认出指示灯,并能操作	
9		认识制动防抱死系统（ABS）指示灯	5	准确认出指示灯	
10		认识安全气囊(SRS)警报灯	5	准确认出指示灯	
11		认识远近光变光指示灯、前后雾灯指示灯	10	准确认出指示灯,并能操作	
12		认识故障码指示灯	5	准确认出指示灯	
13	质检、交车	检查任务完成效果	10	检查没有遗漏	
14	工位清理	工具整理、场地打扫	10	工具归还无遗漏、场地打扫干净	
总　分			100	合　计	

/任务三/　检查照明灯

【任务描述】

汽车照明系统是汽车安全行驶的必备系统之一。它主要包括外部照明灯具、内部照明灯具、外部信号灯具、内部信号灯具等,如图6-28所示。为了保证汽车安全行驶,必须经常检查照明灯。

图6-28　汽车灯光

【相关知识】

1.发展史

汽车灯具的演变随着汽车光源的更迭而发展,汽车照明的发展史大体经过了4个阶段:

第一代汽车照明系统是由燃料(蜡烛、煤油或乙炔)直接燃烧发光。其存在发光效率很低、光强弱、性能不稳定、操作复杂等明显缺点。它能满足早期车灯的要求。

第二代汽车照明系统是白炽灯。1879年爱迪生发明白炽灯,汽车灯具发生了革命性的变化。1913年,美国首先将白炽灯技术应用在凯迪拉克汽车前照灯上,从此,汽车照明进入了电气时代。接着,先后出现汽车反光镜、启动机、发电机和蓄电池等新技术,1925年,汽车真正进入白炽灯汽车灯具时代。20世纪50年代出现卤钨灯,卤钨灯很快成为汽车强光源的主要灯泡。

第三代汽车照明系统是气体放电灯(HID),具有高发光效率、高亮度和高可靠性等优点)。

第四代汽车照明系统是半导体发光二极管(LED半导体PN结二极管)。它使PN结系统受到激发,当一个正向偏压施加于PN结两端时,载流子由低能态跃迁到高能态,当处于高能态的不稳定载流子回到低能态复合时,根据能量守恒原理,多余的能量将以光子形式释放。

国际上高档轿车生产商如奔驰、宝马、丰田、福特等纷纷推出配有五彩缤纷 LED 灯具的新款轿车以吸引顾客,目前,汽车对 LED 灯的应用已相当广泛。LED 灯被称为一生不需要更换灯泡的汽车灯,成为国际上汽车电子化中最耀眼的产品之一。

2.灯光种类

汽车灯具按照功能划分,主要有汽车照明灯和汽车信号灯两类。

汽车照明灯按照其安装的位置及功用包括前照灯、雾灯、牌照灯、仪表灯、顶灯、工作灯等。

汽车信号灯包括转向信号灯、危险报警灯、示宽灯、尾灯、制动灯、倒车灯等。

3.灯光控制开关

在仪表台左下角有一个旋转开关为变光器开关总成,它控制汽车主要的照明信号灯。变光器开关总成上有两个灯光控制开关,可旋转的为前照灯控制开关,按钮的为雾灯控制开关。

【任务实施】

1.操作内容

教师准备好车辆和工具,学生分成小组。先认识灯光的使用方法,再进行相应操作。

2.操作准备

（1）工具准备

劳保用品、车轮挡块、车外三件套、工具等。

（2）车辆准备

准备内容与项目六任务一的内容一致。

3.操作步骤

（1）安全、防护工作

车辆停放平地,安放车轮挡块,如图 6-29 所示。打开车门,安装车内三件套,如图 6-30 所示。

图 6-29　车辆安放　　　　　　　　图 6-30　车内三件套

（2）检查组合仪表警告灯

①将点火开关转到 ON 位置，检查所有的警告灯是否亮。系统自检完毕后将会熄灭相应指示灯。

②在发动机启动后，检查所有的警告灯是否正常熄灭（有些车辆因型号不同，警告灯熄灭方式也不同，按使用手册检查），如图 6-31 所示。

（3）检查灯光控制开关

将点火开关转到 ON 位置，将灯光控制开关旋至一挡，如图 6-32 所示，检查仪表板灯、示宽灯、牌照灯、尾灯是否亮起。

图 6-31　警告灯

图 6-32　灯光控制开关

• 仪表板灯安装于仪表盘内，用来照明汽车仪表。其灯光颜色一般为白色，如图 6-33 所示。

• 示宽灯主要用于光线昏暗的情况表明车辆的存在及车体宽度，如图 6-34 所示。

图 6-33　仪表板灯

图 6-34　示宽灯

• 日间行车灯及白昼行车灯是为白天向前方提示车辆存在设置的，安装在车辆前端的两侧，如图 6-35 所示。

• 牌照灯用于照亮车辆牌照，要求夜间在车后 20 m 处能看清牌照号码，如图 6-36 所示。

图 6-35　日间行车灯

图 6-36　牌照灯

● 尾灯用于对尾随车辆起警示作用,如图 6-37 所示。

（4）检查近光灯

①灯光开关旋至二挡后,检查近光灯及指示灯是否点亮,如图 6-38、图 6-39 所示。

图 6-37　尾灯

图 6-38　灯光开关旋至二挡

②近光灯是为了近距离照明,设计要求是照射范围大（160°）,照射距离短,但聚光度无法调节。

（5）检查远光灯

①灯光控制杆向下拨一格,检查远光灯及指示灯是否点亮,如图 6-40、图 6-41 所示。

②根据灯丝的距离来调整光线的强弱。远光灯在其焦点上,发出的光会平行射出,光线较为集中,亮度较大,可以照到很远、很高的物体。

图 6-39　近光灯

图 6-40　灯光控制杆

（6）前照灯变光

将变光器开关向前拉（向转向盘方向提起），此时前照灯闪光器及指示灯点亮。其主要用于车辆超车，或提醒前方的人或物，后方有车辆通过，如图 6-42 所示。

图 6-41　远光指示灯　　　　　　　　　　图 6-42　前照灯变光

（7）检查雾灯

在点火开关旋至 ON 状态下，将雾灯控制开关旋至一挡，前雾灯点亮；旋至二挡，后雾灯点亮，如图 6-43 所示。

汽车雾灯安装于汽车的前部和后部，用于在雨雾天气行车时照明道路与安全警示。它提高了驾驶员与周围交通参与者的能见度。

（8）检查转向灯

①将变光器开关向顺时针方向拨一格，右转向灯及指示灯点亮；向逆时针方向拨一格，左转向灯及指示灯点亮，如图 6-44、图 6-45 所示。

图 6-43　雾灯开关　　　　　　　　　　图 6-44　左转向指示灯

②变光器开关处于左或右转向信号灯位置时，顺时针或逆时针方向转动转向盘约 90°时，变光器开关应能自动回位，转向灯及指示灯熄灭。

（9）检查危险警告灯

按下危险警告灯按钮，车辆的左右转向信号灯及指示灯将同时闪烁，如图 6-46 所示。

危险报警闪光灯通常称为"双蹦"（红三角里有个"！"的标志按钮开关，俗称双闪灯或双跳灯），是一种提醒其他车辆与行人注意本车发生了特殊情况的信号灯。

图 6-45　左转向灯

图 6-46　危险警告灯

（10）检查制动灯

踏下制动踏板，检查制动灯是否点亮，如图 6-47 所示。

制动灯安装在车辆尾部，其主体颜色为红色，红色能增强光源的穿透性，以便后面行驶的车辆即使在能见度较低的情况下，易于发现前方车辆刹车，起到防止追尾事故发生的目的。

（11）检查倒车灯

将变速器变速杆拨至倒挡，检查倒车灯及指示灯是否点亮，并伴有警示声，如图 6-48 所示。

图 6-47　制动灯

图 6-48　倒车灯

倒车灯装于汽车尾部，用于照亮车后路面，并警告车后的车辆和行人，表示该车正在倒车，倒车灯全部为白色。

（12）检查阅读灯

阅读灯一般安装在车辆顶部，前后排中间位置，有 3 个挡位：关闭（OFF）、常开（ON）和门控（DOOR），当开关处于"DOOR"位置时，如果打开车门，则灯应亮起，如图 6-49 所示。

阅读灯是在车内光线不足时，其能提供给乘坐人员足够亮度，便于车内阅读之用，同时又不会影响驾驶员的正常驾驶。

图 6-49　阅读灯

【任务检测】

1.填空题

（1）汽车照明灯按照其安装的位置及功用包括：＿＿＿＿＿、＿＿＿＿＿、＿＿＿＿＿和＿＿＿＿＿等。

（2）阅读灯有 3 个挡位，分别为＿＿＿＿、＿＿＿＿和＿＿＿＿。

（3）制动灯安装在车辆尾部，主体颜色为＿＿＿＿。

2.判断题

（1）汽车灯具按照功能划分，分为汽车照明灯和汽车信号灯。 （　　）

（2）汽车信号灯包括转向信号灯、危险报警灯、牌照灯、制动灯、倒车灯等。 （　　）

（3）牌照灯用于照亮车辆牌照，要求夜间在车后 50 m 处能看清牌照号码。 （　　）

【任务评价】

评价表

序号	项目	操作内容	配分/分	评分标准	得分/分
1	操作前准备	工具、用品准备	5	工具准备齐全，无缺漏	
2	安全防护	检查车辆是否停稳；驻车制动是否可靠；个人是否穿戴好劳保用品	10	检查后，车辆制动可靠	
3	检查灯光	检查警告灯	5	准确认出指示灯，并能操作	
4		检查仪表板灯	5	准确认出指示灯，并能操作	
5		检查示宽灯	5	准确认出指示灯，并能操作	
6		检查日间行车灯	5	准确认出指示灯，并能操作	
7		检查牌照灯	5	准确认出指示灯，并能操作	
8		检查尾灯	5	准确认出指示灯，并能操作	
9		检查近光灯	5	准确认出指示灯，并能操作	
10		检查远光灯	5	准确认出指示灯，并能操作	

续表

序 号	项 目	操作内容	配分/分	评分标准	得分/分
11	检查灯光	检查闪光灯	5	准确认出指示灯,并能操作	
12		检查雾灯	5	准确认出指示灯,并能操作	
13		检查转向灯	5	准确认出指示灯,并能操作	
14		检查危险警告灯	5	准确认出指示灯,并能操作	
15		检查制动灯	5	准确认出指示灯,并能操作	
16		检查倒车灯	5	准确认出指示灯,并能操作	
17		检查阅读灯	5	准确认出指示灯,并能操作	
18	质检、交车	检查任务完成效果	5	检查没有遗漏	
19	工位清理	工具整理、场地打扫	5	工具归还无遗漏、场地打扫干净	
总 分			100	合 计	

/ 任务四 / 维护空调系统

【任务描述】

汽车空调系统是实现对车厢内空气进行制冷、加热、换气和空气净化的装置。它可以为乘车人员提供舒适的乘车环境,降低驾驶员的疲劳强度,提高行车安全。空调装置已成为衡量汽车功能是否齐全的标志之一,如图 6-50 所示。为了保证空调系统正常工作,应定期进行维护。

图 6-50　汽车空调

【相关知识】

1.空调的功能

现代汽车空调有 4 种功能,其中任何一种功能都是为了使乘客感到舒适。

①空调器能控制车厢内的气温,既能加热空气,也能冷却空气,以便把车厢内温度控制到舒适的水平。

②空调器能够排出空气中的湿气,干燥空气吸收人体汗液,以营造更舒适的环境。

③空调器可吸入新风,具有通风功能。

④空调器可过滤空气,排除空气中的灰尘和花粉。

2.空调系统的构成

现代空调系统由制冷系统、供暖系统、通风和空气净化装置及控制系统组成。

3.空调的类型

①按驱动方式分为独立式(专用一台发动机驱动压缩机,制冷量大,工作稳定,但成本高,体积及质量大,多用于大、中型客车)和非独立式(空调压缩机由汽车发动机驱动,制冷性能受发动机工作情况的影响较大,稳定性差,多用于小型客车和轿车)。

②按空调性能分为单一功能型(将制冷、供暖、通风系统各自安装,单独操作,互不干涉,多用于大型客车和载货汽车上)和冷暖一体式(制冷、供暖、通风共用鼓风机和风道,在同一控制板上进行控制,工作时可分为冷暖风分别工作的组合式和冷暖风可同时工作的混合调温式,轿车多用混合调温式)。

③按控制方式分为手动式(拨动控制板上的功能键对温度、风速、风向进行控制)和电控气动调节(利用真空控制机构,当选好空调功能键时,能在预定温度内自动控制温度和风量)。

④按自动控制方式分为全自动调节(利用计算比较电路,通过传感器信号及预调信号控制调节机构工作,自动调节温度和风量)和微机控制的全自动调节(以微机为控制中心,实现对车内空气环境进行全方位、多功能的最佳控制和调节)。

4.空调的维护保养

判断空调系统运作是否良好其实很简单,如果发现空调制冷不良,风量小,或者干脆不制冷等问题,就需要检查各个部件是否正常运作,是否缺冷凝剂。冷凝剂一定要按照用车手册上的型号添加。对于车主来说,值得注意的是,要定期更换空调滤芯。在城市路况下行驶3 000 km 左右就需要更换空调滤芯,这样不仅可以让进气系统更加清洁,还可以避免因空调滤芯堵塞造成制冷能力下降。

夏季车内外温差较大,在进入车内的时候,不宜马上将空调温度调得过低,可以先用大风量自然风吹散轿厢内的热气,然后不要将车窗全部关闭,开启空调,等身体逐渐适应后,将空调调到需要的温度,关闭车窗。

空调设置的温度,并不是越低越好,人体最舒适的温度为 25 ℃左右。在夏季阳光充足的午后,空调设置的温度也不宜过低。

在开启空调的时候,乘客最好不要在车内吸烟。空调开启时,车内空气在一个相对密闭的环境内循环,烟气不易散出,烟雾中的微小颗粒会附着在空调进气滤芯上,造成车内长久的异味。

要定期进行专业的空调系统清洗和杀菌除异味养护。

【任务实施】

1.操作内容

教师准备好车辆和工具,学生分成小组。先熟悉汽车空调的使用方法,再进行相应的操作。

2.操作准备

(1)工具准备

劳保用品、车轮挡块、翼子板布、前格栅布、空调滤清器。

(2)车辆准备

准备内容与项目六任务一的内容一致。

3.操作步骤

(1)安全、防护工作

车辆停放平地,安放车轮挡;打开前舱,安装车外三件套;打开车门,安装车内三件套。

(2)更换空调滤清器

①打开副驾座位前的抽屉,如图 6-51 所示。打开空调滤清器盖,如图 6-52 所示。

②取出空调滤清器,如图 6-53 所示。安装新的空调滤清器,如图 6-54 所示。

图 6-51　副驾座位前的抽屉

图 6-52　空调滤清器盖

图 6-53　空调滤清器

图 6-54　新的空调滤清器

注意空调滤清器的规格、生产日期,安装的时候注意上下标记、内外标记,如图 6-55 所示。

③安装好空调滤清器盖,将副驾抽屉复位。

(3)检查空调制冷剂的剂量

①启动发动机,打开车门;打开 A/C 开关,如图 6-56 所示。鼓风机转速控制开关置于最高位置,温度调节开关置于最冷位置。

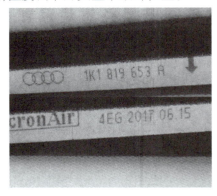

图 6-55　空调滤清器标记

图 6-56　A/C 开关

②控制发动机转速。踩下油门，使发动机转速为 1500 r/min，如图 6-57 所示。

③判断空调制冷剂的剂量。

方法 1：通过空调观察窗，检视气泡情况，如图 6-58 所示。具体判断见表 6-1。

图 6-57　发动机转速表

图 6-58　空调观察窗

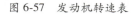

表 6-1　空调气泡情况

现　象	制冷剂量
有气泡	不足
无气泡	空、不足或过量
关闭空调，立即变清澈	过量
关闭空调，立即产生气泡，然后变清澈	适量

方法 2：通过触摸空调高压管和低压管，检查温差情况，如图 6-59 所示。触摸时，遵守操作规程，谨防冻伤。具体判断见表 6-2。

图 6-59　空调高压管

表 6-2　根据高、低压管判断制冷剂量

现　象	制冷剂量
高、低压管无温差	空或不足
高、低压管有温差	适量或过量

④空调系统出现故障，可以使用空调压力表检测，观察压力大小。

⑤关闭空调，关闭点火开关，关闭车门。

【任务检测】

1.填空题

（1）汽车空调系统是实现对车厢内空气进行_____、_____、_____和_____的装置。

（2）现代空调系统由_____、_____、_____、_____及_____组成。

2.判断题

（1）检查空调制冷效果时,鼓风机转速控制开关置于最高位置,温度调节开关置于最冷位置。 （　　）

（2）检查空调制冷效果时,发动机转速控制在 2000 r/min。 （　　）

【任务评价】

评价表

序　号	项　目	操作内容	配分/分	评分标准	得分/分
1	操作前准备	工具、用品准备	10	工具准备齐全,无缺漏	
2	安全防护	检查车辆是否停稳;驻车制动是否可靠;个人是否穿戴好劳保用品	10	检查后,车辆制动可靠	
3	检查空调系统制冷效果	解锁车辆,降下玻璃,打开发动机舱盖,连接尾气抽取装置	10	熟练操作,准确到位	
4		启动发动机,打开车门。打开 A/C 开关,控制发动机转速为 1500 r/min	10	鼓风机转速控制开关置于最高位置,温度调节开关置于最冷位置	
5		正确检查制冷剂量	20	能准确判断出制冷剂的量	
6		关闭空调,关闭点火开关,关闭车门	10	熟练操作,准确到位	
7		收起尾气排放装置	10	熟练操作,准确到位	
8	质检、交车	检查任务完成效果	10	检查没有遗漏	
9	工位清理	工具整理、场地打扫	10	工具归还无遗漏、场地打扫干净	
总　分			100	合　计	

项目七 | 底盘系统的维护

底盘对于一辆汽车来说十分重要,底盘的维护直接影响汽车的使用寿命,更重要的是,它直接关系驾乘人员的安全性以及乘坐舒适性等方面。

底盘的维护包括行驶系统、制动系统、传动系统及转向系统的维护。

学习目标

- 了解汽车底盘维护项目的相关内容。
- 掌握汽车底盘维护的方法。

/任务一/　维护行驶系统

【任务描述】

汽车行驶系统的功能:接受动力,使汽车正常行驶;承受汽车的总质量和地面的反力;缓和路面对车身造成的冲击,衰减行驶中的振动,保持平顺性;与转向系配合,保证汽车操纵的稳定性。为了保证行驶系统正常工作,我们需要定期对行驶系统进行维护。

【相关知识】

汽车底盘行驶系统由汽车的车架、车桥、车轮和悬架等组成。

1.车架

汽车车架分为边梁式车架、中梁式车架、综合式车架和承载式车身。车架分类见表7-1。

表 7-1　汽车车架分类

类　型	特　征	图　示
边梁式车架	由两根位于两边的纵梁和若干根横梁组成	
中梁式车架	只有一根位于中央贯穿前后的纵梁,也称脊梁式车架	

续表

类　型	特　征	图　示
综合式车架	前部是边梁式,后部是中梁式	
承载式车身	取消了车架,以车身兼代车架的作用,所有部件固定在车身上	

2. 车桥

汽车车桥分为转向桥、驱动桥、支持桥和转向驱动桥,如图 7-1 所示。

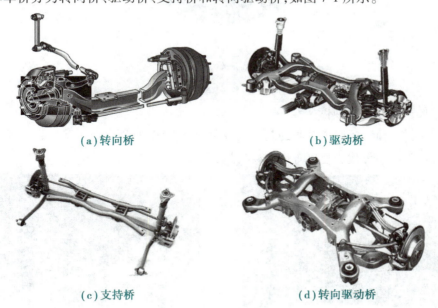

（a）转向桥　　　　　　　　（b）驱动桥

（c）支持桥　　　　　　　　（d）转向驱动桥

图 7-1　车桥的类型

3. 车轮

（1）车轮的结构和参数

汽车车轮是汽车行驶系统中的重要部件,其结构如图 7-2 所示。

图 7-2　车轮结构

车轮上参数众多,常见的重要参数,如图 7-3 所示。

（2）轮胎生产日期

在汽车轮胎侧面,标记了轮胎的生产日期。前两位为生产周数,后两位为生产年份。如图 7-4 所示,"07"表示 2007 年,"08"表示第八周,即 2 月末,表示 2007 年 2 月生产。

轮胎都有一定的寿命,即使不使用,也会老化及氧化。

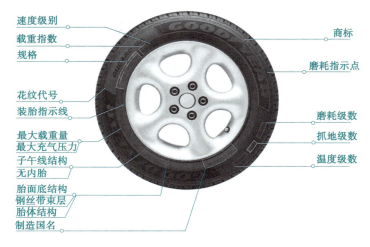

图 7-3　车轮参数

（3）轮胎载重指数及速度等级

在汽车轮胎侧面,标记了轮胎的载重指数及速度等级,如图 7-5 所示。数字代表载重指数,含义见表 7-2;字母代表速度等级,含义见表 7-3。

图 7-4　车轮生产日期

图 7-5　车轮载重指数及速度等级

表 7-2 轮胎载重指数

数　字	对应载重/kg
70	335
75	387
80	450
85	515
90	600
95	690
100	800
105	925
110	1060

表 7-3 轮胎速度等级

字　母	速度等级/(km·h⁻¹)	字　母	速度等级/(km·h⁻¹)	字　母	速度等级/(km·h⁻¹)
A1	5	D	65	Q	160
A2	10	E	70	R	170
A3	15	F	80	S	180
A4	20	G	90	T	190
A5	25	J	100	U	200
A6	30	K	110	H	210
A7	35	L	120	V	240
A8	40	M	130	W	270
B	50	N	140	Y	300
C	60	P	150	ZR	>240

如 90 V,代表对应载重为 600 kg,速度等级为 240 km/h。

(4)轮胎的规格

在汽车轮胎侧面,标记了轮胎的规格,如图 7-6 所示。

图7-6 车轮规格

"185"为轮胎宽度（cm）；"65"为扁平比，即$\frac{\text{轮胎高度}}{\text{轮胎宽度}} \times 100\% = 65\%$；"R"为子午轮胎（市面上轿车大多为这种）；"14"为轮毂直径（英寸）。

（5）轮胎磨损标记

在汽车轮胎侧面或胎面沟槽，标记了轮胎的磨损极限。当"胎毛"即将磨损完，需要更换轮胎；当磨损到"三角形"或"方块"标记时，需要更换轮胎。如图7-7所示，从左往后分别为胎毛、三角形标记及方块标记。

 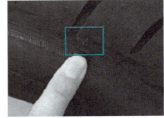 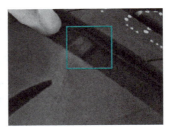

图7-7 轮胎磨损极限

4.悬架

悬架是车架与车桥之间的一切传力连接装置的总称。其作用是把路面作用于车轮上的垂直反力、纵向反力和侧向反力以及这些反力所造成的力矩都要传递到车架上，以保证汽车的正常行驶。悬架结构如图7-8所示。

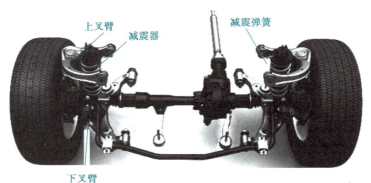

图7-8 悬架结构

常见悬架类型有麦弗逊式独立悬架、双叉臂式独立悬架、拖曳臂式悬架、连杆支柱悬架及多连杆独立悬架。

【任务实施】

1.操作内容

教师准备好车辆及检测设备,学生分成小组。先认识汽车底盘行驶系统的结构,再进行相应的操作。

2.操作准备

（1）工具准备

劳保用品、车轮挡块、车外三件套、手套、气压表、深度规、扭力扳手。

（2）车辆准备

在进行任何作业前都务必先按规定顺序进行以下操作:

①在一处平坦且坚实的地面上停车。

②关闭关动机,拔下点火钥匙。

③打开驻车制动器。

④将换挡杆挂入空挡或将变速杆挂入挡位 P。

⑤待发动机冷却。

⑥让儿童远离汽车。

⑦请确保汽车不会意外自行移动。

> ★提示
>
> 　部分零部件较重,注意穿戴好劳保用品。

3.操作步骤

（1）轮胎的维护

1）安全、防护工作

车辆停放平地,安放车轮挡块,如图 7-9 所示。打开前舱,安装车外三件套,如图 7-10 所示。

图 7-9　车辆安放　　　　　　　　　图 7-10　车外三件套

2）检查轮胎

①打开车辆后尾厢，取出备胎。检查车辆及备胎的状态，包括：

- 检查轮胎生产日期；

- 检查载重指数及速度等级是否符合要求；

- 检查轮胎规格是否跟维护手册一致；

- 检查轮胎磨损标记，是否磨损过度；

- 检查轮胎是否有裂纹、变形、凸起；

- 检查轮胎是否扎入异物。

如轮胎并无异常继续下一步；若轮胎存在以上问题，请及时更换轮胎。

②查看车辆的胎压参数，张贴在车门上，如图 7-11 所示；用胎压表检查胎压是否符合要求。不同的胎压表，结构略有不同。请根据实际情况读数，如图 7-12 所示，单位为 kg/cm^2，前轮胎为 220 kg/cm^2。

图 7-11　胎压参数　　　　　　　　图 7-12　胎压表

若胎压不足，补气；若胎压过高，按气嘴适当放气，直至胎压相符。

③使用深度规测量胎纹磨损情况，如图 7-13 所示，单位为 mm。

图 7-13　用深度规测量胎纹磨损情况

每一胎槽取 3 个测量点，若共 4 胎槽，需要测量 12 个点。取最小值，为胎槽最浅处，即磨损最严重的地方。若超过规定磨损量，请及时更换轮胎。

3）更换轮胎

①取出警告标志。若在道路上发生汽车意外，需要紧急更换轮胎的，必须根据相关规定：a.把车辆靠边停车；b.打开危险警告灯；c.在车辆后方 50～100 m 放置警告标志，如图 7-14 所示。

图 7-14 放置警告标记

★提示

　　《中华人民共和国道路交通安全法实施条例》第四章第二节第六十条：机动车在道路上发生故障或者发生交通事故，妨碍交通又难以移动的，应当按照规定开启危险报警闪光灯并在车后 50~100 m 处设置警告标志，夜间还应当同时开启示廓灯和后位灯。

　　②取出备胎及车载工具，具体位置如图 7-15 所示。

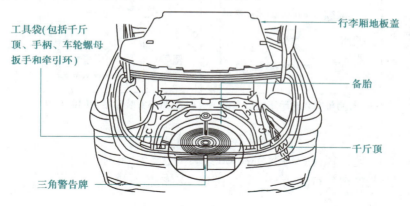

工具袋(包括千斤顶、手柄、车轮螺母扳手和牵引环)

行李厢地板盖

备胎

千斤顶

三角警告牌

图 7-15 备胎及车载工具位置

大多数车型工具及备胎放在后尾厢，部分车型备胎钩吊在车尾底部。

　　③使用扳手按对角方式预松轮胎。正确放置千斤顶，顶起车辆离地，如图 7-16 所示。

图 7-16 使用千斤顶顶起车辆

　　④取下轮胎，清洁轮毂与制动盘接触面上脏污或异物，如图 7-17 所示。

图 7-17　清洁轮毂与制动盘

　　⑤安装轮胎并更换铝材螺母,对角加力使轮毂与制动盘贴合;缓缓放下千斤顶,使车辆完全降下至地面。车轮螺栓按规定顺序紧固到位,大约为 100 N·m。若有可调式扭力扳手,按车辆要求紧固好。

　　⑥根据保养计划和外胎磨损情况,更换轮胎或进行轮胎换位。轮胎换位如图 7-18 所示。

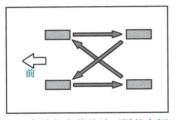

（a）备胎与安装轮胎不同的车辆　　（b）备胎与安装轮胎相同的车辆

图 7-18　轮胎换位

二轮驱动车型:建议每行驶约 10 000 km 进行一次轮胎换位。

全轮驱动车型:建议每行驶约 5000 km 进行一次轮胎换位。

（2）悬架的维护

1）安全、防护工作

车辆停放平地,安放车轮挡块,如图 7-19 所示。安全举升车辆（大约离地 1 m）,如图 7-20所示。

图 7-19　车辆安放

图 7-20　举升车辆离地 1 m

2）检查悬架

①保证轮胎离地，周围安全，用力拍打摇晃轮胎，如图 7-21 所示。在检查过程中，检查是否有明显松动、摆动及异响。若有以上现象，初步判断：悬架变形、连接螺栓松动、球头松动或损坏、橡胶衬套老化或损坏等情况。

②顺着汽车行驶方向旋转轮胎，如图 7-22 所示。注意听轮胎旋转过程中是否有"咻咻"声音。若有以上现象，初步判断：轴承损坏。

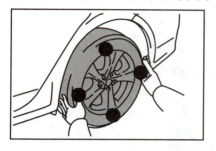
图 7-21　拍打摇晃轮胎

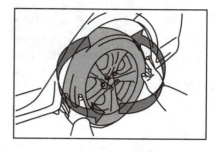
图 7-22　旋转轮胎

③安全举升车辆（高于头顶），找出上下横臂位置，如图 7-23 所示。检查臂身及缓冲橡胶，如图 7-24 所示。

图 7-23　汽车上下横臂

检查球头
球头是否损坏、变形

检查臂身
臂身是否变形、有裂纹

检查橡胶
橡胶是否老化、开裂、损坏

图 7-24　检查臂身及缓冲橡胶

车型不同，对应的悬架结构也有所不同：上/下叉臂、上/下横臂、横向/纵向连杆、多连杆等。检查方法大致相同。

④检查减震器，如图 7-25 所示。

检查液压管
是否漏油、密封环是否损坏、部分车型有防尘套的，检查防尘套是否损坏

检查橡胶
橡胶是否老化、开裂、损坏

图 7-25　检查减震器

⑤检查螺旋弹簧，如图 7-26 所示。

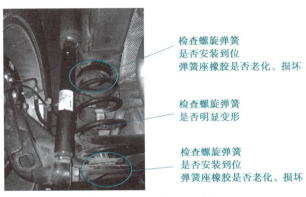

图 7-26　检查螺旋弹簧

⑥检查平衡杆,如图 7-27 所示。

图 7-27　平衡杆

⑦检查图 7-28 中各部位螺栓,并使用扭力扳手按规定力矩紧固。

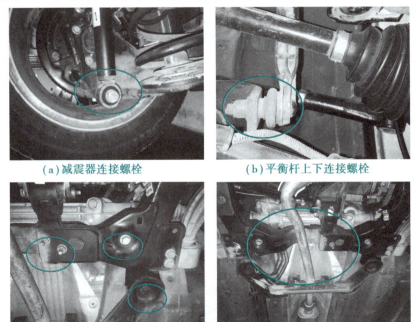

图 7-28　紧固部位

　　具体力矩要求请参照相关车型的维修手册。以下为参考数值:前下悬架臂×前悬架横梁,力矩为 233 N·m;前悬架横梁×车身,力矩为 145 N·m;前减震器×转向节,力矩为240 N·m;后减震器×后横梁总成,力矩为 90 N·m;平衡杆×前下悬架臂,力矩为 74 N·m。

【任务检测】

1.填空题

（1）轮胎参数 185/60R15，185 为 _____；65 为 _____，R 为 _____，14 为_____。

（2）汽车车桥分为_____、_____、支持桥和_____。

（3）汽车车架分为_____、中梁式车架、_____和_____。

（4）减震器，需要检查_____及_____。

2.判断题

（1）轮胎侧面上生产日期标记为0918，表示为2018年9月生产。　　　　（　　）

（2）轮胎载重指数及速度等级为105 V，表示对应最大载重为925 kg。　　（　　）

（3）紧固轮胎螺母时，需要按相关的顺序紧固，目的是使其均匀受力。　　（　　）

（4）检查上、下横臂，要注意检查臂身、球头及缓冲橡胶。　　　　　　（　　）

【任务评价】

评价表

序　号	项　目	操作内容	配分/分	评分标准	得分/分
1	操作前准备	工具、用品准备	5	工具准备齐全，无缺漏	
2	安全防护	检查车辆是否停稳；驻车制动是否可靠；个人是否穿戴好劳保用品	5	检查后，车辆制动可靠	
3	车架的类型	4类车架类型	5	分辨出4类车架	
4	车桥的类型	4类车桥类型	5	分辨出4类车桥	
5	轮胎的参数	生产日期	5	能识别轮胎生产日期	
6		载重指数及速度等级	10	能根据车辆情况选用载重指数及速度等级	
7		规格	10	认知轮胎宽度、扁平比、轮毂直径等概念	
8		磨损标记	5	能根据轮胎磨损标记判断其磨损情况	
9	悬架的作用及类型	基本概念	5	清楚悬架作业及类型	

续表

序　号	项　目	操作内容	配分/分	评分标准	得分/分
10	轮胎的维护	检查轮胎状态	5	轮胎维护前,检查轮胎状态	
11		轮胎加气	5	根据车辆要求,规范操作	
12		轮胎更换	10	规范操作	
13	悬架的维护	拍打、旋转检查方法	5	能根据现象初步判断故障位置	
14		各部分检查	5	规范检查	
15		规定力矩紧固	5	根据手册要求,规范紧固	
16	质检、交车	检查任务完成效果	5	检查没有遗漏	
17	工位清理	工具整理、场地打扫	5	工具归还无遗漏、场地打扫干净	
总　分			100	合　计	

/任务二/　维护制动系统

【任务描述】

制动系统功能:根据需要使汽车减速或在最短的距离内停车,使已停驶的汽车在各种道路条件下稳定驻车,使汽车下坡行驶时的速度保持稳定。为了保证汽车的安全,必须定期维护制动系统。

【相关知识】

汽车底盘制动系统按制动操作能源分为人力制动系统、动力制动系统和伺服制动系统。制动系统的组成见表7-4。

表 7-4 制动系统的组成

部　件	组　成	图　示
供能装置	包括供给、调节制动所需能量以及改善传能介质状态的各种部件,如气压制动系统中的空气压缩机、液压制动系统的液压泵、人的肌体等	
控制装置	包括产生制动动作和控制制动效果的各种部件,如制动踏板等	
传动装置	包括将制动能力传输到制动器的各个部件,如制动主缸、制动轮缸及连接管路等	鼓式制动轮缸　　盘式制动轮缸
制动器	产生阻碍车辆的运动或运动趋势的力(制动力)的部件	盘式制动器　　鼓式制动器

【任务实施】

1.操作内容

教师准备好车辆及检测设备,学生分成小组。先认识汽车底盘制动系统的结构,再进行相应的操作。

2.操作准备

（1）工具准备

劳保用品、车轮挡块、车外三件套、车内三件套、直尺、扳手、手套、一字刀、扭力扳手、润滑脂、制动液、制动液储存装置。

（2）车辆准备

准备内容与项目七任务一的内容一致。

3.操作步骤

（1）检查制动踏板

1）安全、防护工作

车辆停放平地，安放车轮挡块，如图7-29所示。打开前舱，安装车外三件套，如图7-30所示。打开车门，安装车内三件套，如图7-31所示。

图7-29　车辆安放

图7-30　车外三件套

图7-31　车内三件套

2）检查制动踏板功能

进入车辆，在发动机不同的状况下踩动制动踏板，分别对应检查其气密性、真空功能、工作情况及应用状况。检查方法如图7-32所示。检查项目见表7-5。

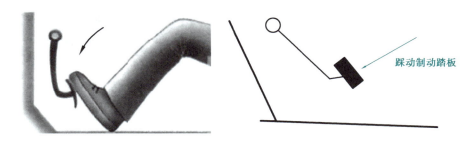

踩动制动踏板

图7-32　检查方法

表 7-5　制动踏板检查项目

检查项目	发动机状态	操　作	检查标准
气密性	不启动	连续踩下踏板数次	感觉踏板越踩越高，即为正常
真空功能	启动	连续踩下踏板数次	感觉踏板无明显变化，即为正常
工作情况	启动	踩下踏板	感觉踏板明显下沉，即为正常
应用状况	启动	连续踩下踏板数次	无过度松动，无异响，可完全踩下，即为正常

3）检查制动踏板行程及自由行程

①不踩动制动踏板，使用直尺测量踏板高度为 H，如图 7-33 所示。

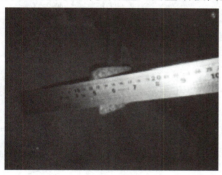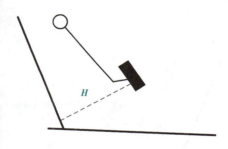

图 7-33　测量 H

②完全踩下制动踏板，测量此时的高度为 h，如图 7-34 所示。

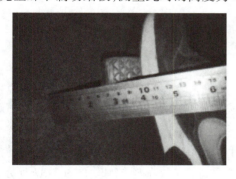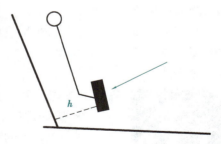

图 7-34　测量 h

计算制动踏板行程的公式：制动踏板行程 $=H-h$。

③测量踏板自由行程。

a.发动机运转数分钟后关闭。

b.踩下制动踏板数次，以便解除制动助力器，然后使用手指轻按踏板。感到向下的反馈力变大按不动时，停止按压。

c.使用直尺测量踏板高度。

测得高度为 H' ,如图 7-35 所示。

计算制动踏板自由行程的公式:制动踏板自由行程＝$H-H'$。

④调整制动踏板高度。

查阅对应车型维修手册,查看制动踏板行程及自由行程参数。检查所测数据是否符合维修手册参数。

制动踏板高度为 H。踏板高度要求在规定范围内,如某车型规定踏板高度为 145.8～155.8 mm。若超出规定范围可按下列方式调整:

a.松开 U 形夹锁紧螺母,如图 7-36 所示。

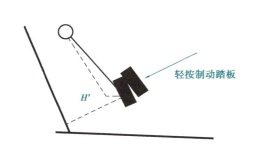

图 7-35　测量 H'

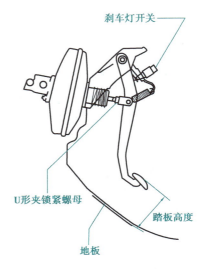

刹车灯开关

U形夹锁紧螺母

踏板高度

地板

图 7-36　调整制动踏板高度

b.调整制动踏板至合适高度。

c.紧固 U 形夹锁紧螺母,力矩为 26 N·m。

连续踩动制动踏板,检查性能是否正常。

（2）调试手刹

图 7-37　车辆安放

驻车系统按操作方式分为 3 种。分别为手拉式驻车系统、脚踩式驻车系统及电子驻车系统。

以常见的手拉式驻车为例。

①车辆停放平地,安放车轮挡块,如图 7-37 所示。打开前舱,安装车外三件套,如图 7-38 所示。打开车门,安装车内三件套,如图 7-39 所示。

②从最低手刹位置开始往上拉,数"咔"的声响数,根据相关车型的设计,合格的声响应在规定范围内。部分车规定为 7～9 响。如声响低于 7 次,驻车系统过紧;高于 9 次,驻车系统过松。

图7-38　车外三件套　　　　图7-39　车内三件套

③如车辆驻车系统松紧不合格,请按以下方法调整:

a.把手刹位置的水杯放置台拆除,如图7-40所示。

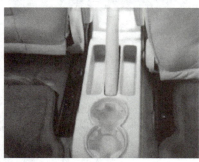

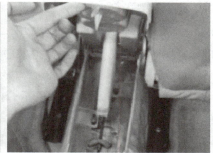

图7-40　拆卸水杯放置台

b.调节螺丝。调之前先同油性笔作标记,以便对比计算出已调的螺栓圈数。用扳手调节螺丝松紧:顺时针方向旋转是调紧;逆时针方向旋转是调松。调节机构如图7-41所示。

c.调节完后,再数一次手刹声响数。直至调整到规定标准。复位手刹位置的水杯放置台,作业完成。

③部分车型可以在车底调节,如图7-42所示。

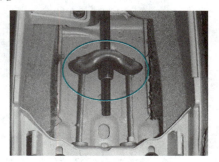

图7-41　手刹调节机构

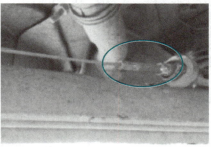

图7-42　车底手刹调整

（3）更换制动片

1）安全、防护工作

车辆停放平地，安放车轮挡块，如图 7-43 所示。打开前舱，安装车外三件套，如图 7-44 所示。

图 7-43　车辆安放

图 7-44　车外三件套

2）拆卸制动片

①举升车辆，拆卸车轮。

②拆卸制动片固定卡环，如图 7-45 所示。拆去制动片传感线，如图 7-46 所示。

图 7-45　拆卸制动片固定卡环

图 7-46　拆去制动片传感线

③撬开浮动导向销的防尘盖，如图 7-47 所示。拆卸浮动导向销，如图 7-48 所示。有的车型是螺栓固定，有的车型为内六角螺栓固定。请注意螺栓类型及型号。

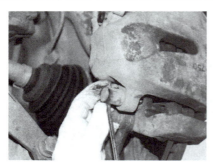

图 7-47　撬开浮动导向销的防尘盖

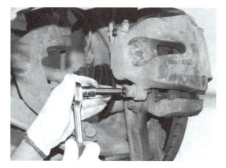

图 7-48　拆卸浮动导向销

④取下制动钳，如图 7-49 所示。取下旧的制动片，如图 7-50 所示。钩挂好制动钳，如图 7-51 所示。

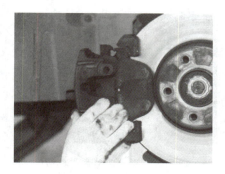

图 7-49　取下制动钳

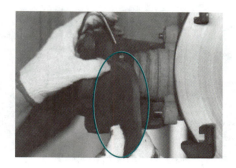

图 7-50　取下旧的制动片

图 7-51　钩挂好制动钳

★提示

　　取制动钳时,如取不出,可以轻轻摇晃制动钳或用布包裹一字刀轻轻撬松,绝不能使用工具硬力撬出。

　　必须钩挂好制动钳。挂钩挂在结实的地方,如螺旋弹簧上,不能挂在软管或信号线上,以免损坏部件,甚至影响作业安全。

3)测量

①测量制动片摩擦材料处厚度,如图 7-52 所示。制动片摩擦材料厚度低于 5 mm 或制动片磨损灯亮起后,请马上更换。

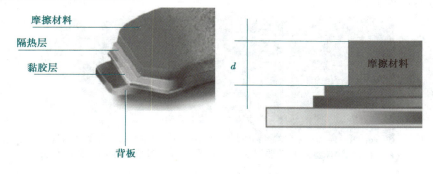

图 7-52　测量制动片摩擦材料处厚度

②测量制动盘厚度。先检查盘面纹路的深浅是否正常、布置是否均匀。再使用外径千分尺(螺旋测微器)测量厚度,如图 7-53 所示。制动盘厚度为 19.0~22.0 mm(均匀测量 4 个方向的点,取平均值)。

③测量制动盘圆跳动,如图 7-54 所示。用螺母及螺母座紧固好制动盘,再使用磁性表座、百分表进行测量。测量时,沿轮胎前进方向旋转,读取数据,制动盘最大圆跳动为 0.05 mm。

图 7-53　测量制动盘厚度　　　　　　图 7-54　测量制动盘圆跳动

4)安装制动片

①涂抹制动软膏于制动片两端,涂抹制动软膏于制动片卡位,如图 7-55 所示。

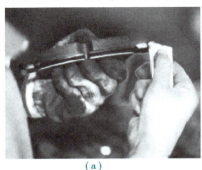

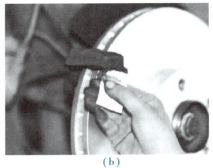

（a）　　　　　　　　　　　　　　　　（b）

图 7-55　涂抹制动软膏 1

在消音片上涂抹润滑脂,涂抹制动软膏于制动片卡位,如图 7-56 所示。注意:不能涂抹或沾到制动片的摩擦面。

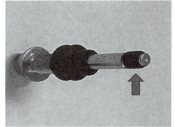

（a）箭头处涂抹盘式制动器润滑脂　（b）箭头处涂抹锂皂基乙二醇润滑脂

图 7-56　涂抹制动软膏 2

②使用工具压回制动分泵,如图 7-57 所示。安装新的制动片,如图 7-58 所示。

③安装制动钳,如图 7-59 所示。注意检查轮速传感线及制动分泵油管是否安装正常。不能打折,扭曲线路及油管。特别是制动分泵的油管,以免紧急制动时油压过高,有爆管的可能性,导致制动失灵。

图 7-57　压回制动分泵

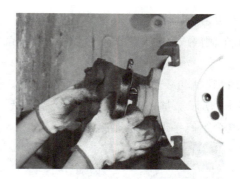

图 7-58　安装新制动片

④紧固浮动导向销，如图 7-60 所示。紧固力矩请根据维修车型的维修手册要求去调节。如雪弗兰科鲁兹车型的制动钳浮动导向销的力矩要求为 18 N·m。安装浮动导向销的防尘盖，如图 7-61 所示。

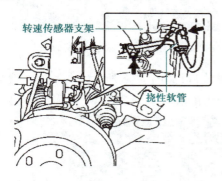

转速传感器支架

挠性软管

图 7-59　安装制动钳

图 7-60　紧固浮动导向销

⑤安装并紧固轮胎。部分车位，更换制动片后需要按照维修手册去进行复位。请按具体车型要求进行操作。

⑥恢复制动性能。更换、拆装制动系统后，必须要进行复位。具体操作是：多次将制动踏板踩到底，如图 7-62 所示，感觉制动踏板没有软绵的感觉，使制动片贴合制动盘。部分车型要求：安装新制动片的时候，必须保证制动液储液罐处于 MAX 线。

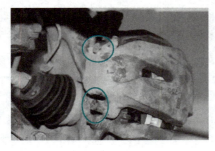

图 7-61　安装浮动导向销的防尘盖

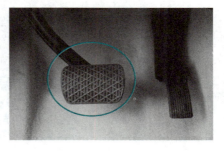

图 7-62　恢复制动性能

（4）更换制动液

①车辆停放平地，安放车轮挡块；打开前舱，安装车外三件套；打开座驾，安装车内三件套。

②找到制动液储液罐，并打开盖。利用工具抽出罐内的制动液直至抽空制动液储液罐，如图7-63所示。抽完后，马上倒进新制动液，如图7-64所示。注意必须添加与原来相同型号，且符合维修手册的制动液，添加至满。

图 7-63　抽出罐内的制动液　　　　　图 7-64　添加新制动液

③制动系统排空。连接右后车轮制动分泵排放口，如图7-65所示。每一个车轮都有制动分泵，摘除制动分泵排放口的胶套，连接回收装置的胶管。

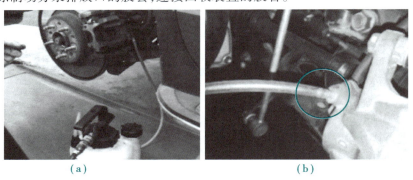

（a）　　　　　　　　　　　　　　　（b）

图 7-65　制动系统排空

两人合作排放制动液。一人在车内踩动制动踏板数次，然后踩动踏板至深处。此时，另一个人打开制动分泵的油嘴，使制动液喷出。喷出后，马上紧固油嘴。3~5次，直至没有气泡喷出为止。

> ★提示
>
> 排放气的原则及顺序。原则：距离制动主缸由远及近。顺序：右后、左后、右前、左前。

④排空结束后，添加制动液至合适位置。同时踩动制动踏板数次恢复制动性能。开始时制动踏板踩下感觉较软，反复踩动制动踏板，感觉逐渐恢复硬度，直至达到正常性能。

⑤及时清理喷洒的制动液,以防腐蚀汽车底盘。安装轮胎,并按要求力矩紧固。

【任务检测】

1.填空题

(1)汽车底盘制动系统按制动操作能源分为:_____、_____和_____。

(2)制动系统的传动装置,包括_____、_____及连接管路等。

(3)驻车系统按操作方式分为3种,分别为_____、_____及_____。

(4)制动器分为_____和_____。

2.判断题

(1)制动踏板属于制动系统的传动装置。　　　　　　　　　　　　　　(　　)

(2)取制动钳时,如取不出,可以使用工具硬力撬出。　　　　　　　　(　　)

(3)制动分泵的油管安装时候打折,有爆管的可能性,导致制动失灵。(　　)

(4)制动时,脚踩刹车踏板。人的肌能属于制动系统的功能装置。　　(　　)

【任务评价】

评价表

序　号	项　目	操作内容	配分/分	评分标准	得分/分
1	操作前准备	工具、用品准备	5	工具准备齐全,无缺漏	
2	安全防护	检查车辆是否停稳;驻车制动是否可靠;个人是否穿戴好劳保用品	5	检查后,车辆制动可靠	
3	制动系统的组成	制动系统的4个组成部分	5	熟知4个组成部分	
4	检查调整制动踏板	检查气密性、真空功能、工作情况、应用状况	5	正确检查	
5		测量制动踏板行程	5	规范测量	
6		测量制动踏板自由行程	5	规范测量	
7		调整制动踏板高度	5	规范调整,恢复正常	
8	调试手刹	检查手刹	5	检查响声	
9		调试手刹	5	规范调整,恢复正常	

续表

序号	项目	操作内容	配分/分	评分标准	得分/分
10	更换制动片	拆卸制动片	5	规范操作	
11		测量	5	规范测量	
12		安装制动片	10	规范操作	
13		恢复制动性能	5	恢复正常制动性能,以防事故	
14	更换制动液	抽出旧制动液	5	规范操作	
15		排空操作	10	规范操作	
16		恢复制动性能	5	恢复正常制动性能,以防事故	
17	质检、交车	检查任务完成效果	5	检查没有遗漏	
18	工位清理	工具整理、场地打扫	5	工具归还无遗漏、场地打扫干净	
	总分		100	合计	

/任务三/ 维护传动系统

【任务描述】

传动系统功能:将发动机产生的动力按照需要传递给驱动轮,并保证汽车正常行驶。因此,我们必须定期维护传动系统。

【相关知识】

传动系统按结构和传动介质不同,可分为机械式、液力液压式、静液式和电力式,其中,机械式和液力液压式应用最广泛。

机械式传动系统由离合器、变速器、万向传动装置、主减速器、差速器及半轴组成。其具体动力传递流程如图7-66所示。

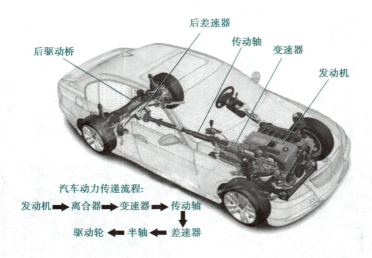

图 7-66　汽车动力传递流程

【任务实施】

1.操作内容

教师准备好车辆及检测设备,学生分成小组。先认识汽车底盘传动系统的结构,再进行相应的操作。

2.操作准备

(1)工具准备

劳保用品、车轮挡块、车外三件套、车内三件套、直尺、手套、电筒。

(2)车辆准备

准备内容与项目七任务一的内容一致。

3.操作步骤

(1)检查离合踏板

1)安全、防护工作

车辆停放平地,安放车轮挡块;打开前舱,安装车外三件套;打开车门,安装车内三件套。

2)检查离合踏板功能

离合踏板的检查方法与制动踏板的检查方法类似。连续踩下踏板数次,无过度松动,无异响,可完全踩下,即为正常。

3)检查离合踏板行程及自由行程

检查离合踏板的踏板行程与自由行程的方法与检查制动踏板的踏板行程与自由行程的方法一致,请参考项目七任务二。

（2）检查半轴及传动轴

1）安全、防护工作

车辆停放平地,安放车轮挡块;打开前舱,安装车外三件套。

2）检查半轴

①举升车辆,找出半轴位置。常见车型半轴位置:前置前驱车辆,在前方;前置后驱车辆,在后方;中置后驱车辆,在后方;后置后驱车辆,在后方;四驱车辆,前方后方都有。

②检查半轴,方法如图7-67所示。

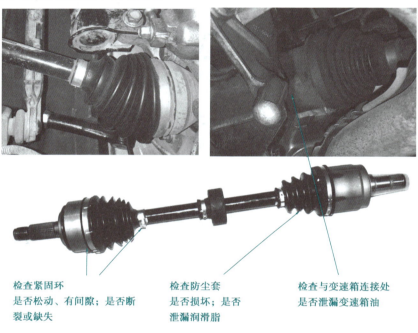

检查紧固环
是否松动、有间隙;是否断
裂或缺失

检查防尘套
是否损坏;是否
泄漏润滑脂

检查与变速箱连接处
是否泄漏变速箱油

图7-67　半轴检查

3）检查传动轴

①找出传动轴位置。前置后驱车辆及四驱车辆存在传动轴,位置在车辆底下正中央。检查方法如图7-68所示。

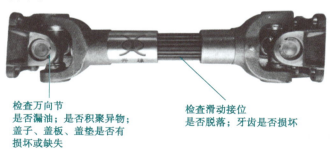

检查万向节
是否漏油;是否积聚异物;
盖子、盖板、盖垫是否有
损坏或缺失

检查滑动接位
是否脱落;牙齿是否损坏

图7-68　传动轴检查

②检查传动轴减震橡胶,如图 7-69 所示。检查减震橡胶支架是否安装紧固,检查减震橡胶是否老化、是否损坏。

图 7-69 检查传动轴减震橡胶

【任务检测】

1.填空题

(1)传动系统按结构和传动介质不同,可分为_____、_____、_____和_____。

(2)前置前驱车辆,半轴位置在_____。

(3)检查传动轴,主要检查_____。

(4)检查传动轴减震橡胶,主要检查_____。

2.判断题

(1)传动系统按结构和传动介质不同分类,其中机械式和液力机械式应用最广泛。

(　　)

(2)机械式传动系统,发动机的动力经由离合器传递到变速器。 (　　)

(3)前置后驱车辆,半轴位置在汽车底盘前方。 (　　)

(4)四驱车辆,汽车底盘前方后方都有半轴。 (　　)

【任务评价】

评价表

序　号	项　目	操作内容	配分/分	评分标准	得分/分
1	操作前准备	工具、用品准备	10	工具准备齐全,无缺漏	
2	安全防护	检查车辆是否停稳;驻车制动是否可靠;个人是否穿戴好劳保用品	10	检查后,车辆制动可靠	
3	传动系统的组成	传动系统的组成	5	熟知传动系统的组成	
4	检查调整离合踏板	检查离合踏板	5	正确检查	
5		测量制动离合行程	5	规范测量	
6		测量制动离合自由行程	5	规范测量	

续表

序　号	项　目	操作内容	配分/分	评分标准	得分/分
7	检查半轴	半轴的位置	5	找出具体位置	
8		检查紧固环	5	是否松动、有间隙;是否断裂或缺失	
9		检查防尘套	5	是否损坏;是否泄漏润滑脂	
10		检查与变速箱的连接处	5	是否泄露变速箱油	
11	检查传动轴	传动轴的位置	5	找出具体位置	
12		检查万向节	5	正确检查	
13		检查滑动接位	5	正确检查	
14		检查减震橡胶	5	正确检查	
15	质检、交车	检查任务完成效果	10	检查没有遗漏	
16	工位清理	工具整理、场地打扫	10	工具归还无遗漏、场地打扫干净	
总　分			100	合　计	

/ 任务四 /　维护转向系统

【任务描述】

转向系统功能:改变和保持汽车的行驶方向。为了保障汽车安全行驶,需要定期维护转向系统。

【相关知识】

转向系统按转向动力源的不同,可分为机械式转向系统和动力式转向系统两种。其中,动力式转向系统分为液压式、气压式和电动式。

尽管现代汽车转向系统结构形式多样，但都由转向操纵结构、转向器和转向传动机构组成。转向系统结构如图7-70所示。

图7-70　转向系统结构

【任务实施】

1.操作内容

教师准备好车辆及检测设备，学生分成小组。先认识汽车底盘转向系统的结构，再进行相应的操作。

2.操作准备

（1）工具准备

劳保用品、车轮挡块、车外三件套、车内三件套手套、电筒。

（2）车辆准备

准备内容与项目七任务一的内容一致。

3.操作步骤

（1）安全、防护工作

车辆停放平地，安放车轮挡块；打开前舱，安装车外三件套；打开车门，安装车内三件套。

（2）检查方向盘

①检查方向盘安装情况。双手握方向盘垂直两点方向，摆动方向盘检查是否过于松动；横向方向同样检查一次，如图7-71所示。若过于松动，请检查转向操纵杆。

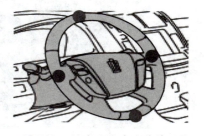

图7-71　检查方向盘安装情况

②检查方向盘的方向调节功能。向下推调节杆，沿水平和垂直方向调节方向盘，如图7-72所示。

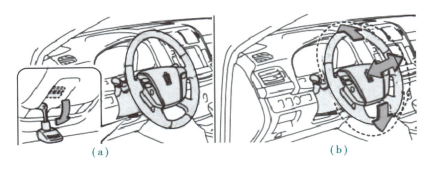

(a)　　　　　　　　　　　　　　　(b)

图 7-72　检查方向盘方向调节

部分车为电动倾斜伸缩式方向盘,可通过按钮调节方向盘,如图 7-73 所示。

③测量方向盘自由行程。双手握住上下摆动方向盘,检查自由行程,如图 7-74 所示。一般车型方向自由行程为 10°～15°,若超出 20°,进行下一步检查。检查转向横拉杆是否变形或头球松动;检查轮毂轴承与转向节主销间隙是否过大等。

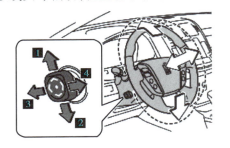

图 7-73　检查电动倾斜伸缩式方向盘　　　　图 7-74　测量方向盘自由行程

(3)检查调节转向横拉杆

①检查防尘套,如图 7-75 所示,检查防尘套是否损坏。检查润滑脂是否泄露。检查球头是否损坏,如图 7-76 所示。

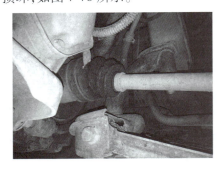

图 7-75　检查防尘套　　　　　　　　图 7-76　检查球头

②调节转向杆。根据需要,可以调整转向横拉杆的长短。调整时,请根据四轮定位仪的提示操作。调节方法如图 7-77 所示。

左右两边转向杆调节完后,大概长度相等,最大差值不超过 1.5 mm,如图 7-78 所示。

在螺纹螺栓处用油性笔做好标记，以便调节

松螺母，可调节转向杆长短

图 7-77　调节转向杆

转动

松开

差值

图 7-78　转向杆最大差值不超过 1.5 mm

【任务检测】

1.填空题

（1）转向系统按转向动力源的不同，分为_____转向系统和_____转向系统两种。

（2）动力式转向系统分为_____、_____和_____。

（3）汽车转向系统结构形式多样，但都由_____、_____和_____组成。

2.判断题

（1）一般车型方向自由行程为 5°～10°。 　　　　　　　　　　　　　　（　　）

（2）转向系统功能：改变和保持汽车的行驶方向。 　　　　　　　　　　（　　）

（3）检查转向横拉杆时，检查防尘套是否损坏，检查润滑脂是否泄露。 　（　　）

【任务评价】

评价表

序 号	项 目	操作内容	配分/分	评分标准	得分/分
1	操作前准备	工具、用品准备	10	工具准备齐全,无缺漏	
2	安全防护	检查车辆是否停稳;驻车制动是否可靠;个人是否穿戴好劳保用品	10	检查后,车辆制动可靠	
3	转向系统的组成	转向系统的组成	5	熟知转向系统的组成	
4	检查方向盘	安装情况	5	检查是否过于松动	
5		方向调节	10	上下调节、高低调节正常	
		电动倾斜伸缩式方向盘	5	正确操作	
6		测量方向盘自由行程	10	使用直尺规范测量	
7	检查调节转向横拉杆	检查防尘套	5	正确检查	
8		检查球头	5	正确检查	
9		调节转向杆	15	规范调节	
10	质检、交车	检查任务完成效果	10	检查没有遗漏	
11	工位清理	工具整理、场地打扫	10	工具归还无遗漏、场地打扫干净	
总 分			100	合 计	

参考文献

[1] 夏长明. 现代汽车维护与保养[M]. 2 版.北京:机械工业出版社,2012.

[2] 蒋红枫,兴亚林. 汽车维护[M]. 2 版.北京:人民交通出版社股份有限公司,2014.

[3] 魏领军,谢成嗣. 汽车维护与保养[M]. 上海:上海交通大学出版社,2014.

[4] 刘汉涛,等. 汽车底盘构造与原理精解[M]. 北京:机械工业出版社,2014.

[5] 赵俊山,孙永江. 汽车构造[M]. 北京:人民交通出版社,2014.

[6] 陈家瑞,马飞天. 汽车构造[M]. 5 版.北京:人民交通出版社,2011.